PROGRAMMAZIONE

OGGETTI

Sommario

C++

Premessa

Il linguaggio C++ è in continua evoluzione, tanto che spesso non è possibile fornire spiegazioni dettagliate di tutto il linguaggio in un unico libro. Questo libro insegnerà gli elementi essenziali del linguaggio C++ e le funzionalità della libreria standard, che saranno più che sufficienti per scrivere le tue applicazioni con C++. Con la conoscenza di questo libro, non dovresti avere difficoltà ad estendere la profondità e l'ambito della tua esperienza C++.

Abbiamo assunto che tu non abbia alcuna conoscenza di programmazione precedente. Se sei desideroso di imparare e hai un'attitudine a pensare in modo logico, acquisire familiarità con C++ sarà più facile di quanto potresti immaginare. Sviluppando competenze C++, imparerai un linguaggio che è già utilizzato da milioni di persone e che fornisce la capacità per lo sviluppo di applicazioni praticamente in qualsiasi contesto.

C++ è un linguaggio molto potente, probabilmente, è più potente della maggior parte dei linguaggi di programmazione. Quindi, sì, come con qualsiasi strumento potente puoi creare dei danni considerevoli se lo usi senza una preparazione adeguata. Spesso confrontiamo C++ con un coltellino svizzero: antico, affidabile, incredibilmente versatile ma potenzialmente sbalorditivo e superfici appuntite che potrebbero davvero farti del male. Tuttavia, dopo aver capito a cosa servono tutti i diversi strumenti e dopo aver appreso alcune regole, non dovrai più cercare un altro coltellino.

C++ oggi è molto più accessibile di quanto molti credano. Il linguaggio ha fatto molta strada dalla sua concezione quasi 40 anni fa e abbiamo imparato a maneggiare tutti i suoi strumenti nel modo più sicuro ed efficace possibile. E, cosa più importante forse, il linguaggio C++ e la sua libreria standard si sono evoluti di conseguenza per facilitare tutto ciò. L'ultimo decennio ha visto l'ascesa di quello che ora è noto come "C++ moderno" che enfatizza l'uso di funzionalità del linguaggio più recenti, più espressive e più sicure, combinate con best practice collaudate e linee guida di codifica.

Una volta che conosci e applichi una manciata di semplici regole e tecniche, C++ perde gran parte della sua complessità. La chiave è che qualcuno spieghi correttamente e gradualmente non semplicemente cosa puoi fare con C++ ma piuttosto cosa dovresti fare con C++. Ed è qui che entra in gioco questo libro! In questo libro, abbiamo fatto di tutto per essere in linea con la nuova era della programmazione C++ in cui viviamo. Ovviamente faremo tutto questo in forma graduale ed informale. Ti presenteremo tutti gli strumenti che C++ ha da offrire, sia vecchie che nuove, utilizzando esempi pratici di codifica ed esercizi.

Ma non è tutto: più che mai ci siamo assicurati di spiegare sempre quale strumento è meglio usare per quale scopo, perché è così e come evitare errori. Ci siamo assicurati che inizierai ad usare C++, dal primo giorno, utilizzando uno stile di programmazione sicuro, produttivo e moderno perchè è ciò che i datori di lavoro si aspettano da te domani. Il linguaggio C++ in questo libro corrisponde all'ultimo standard ISO (International Organization for

Standardization), comunemente indicato come C++ 20.

Per imparare il C++ con questo libro, avrai bisogno di un compilatore conforme allo standard C++ 20 e di un editor di testo adatto per lavorare con il codice del programma. Attualmente sono disponibili diversi compilatori che supportano, in una certa misura, le funzionalità di C++ 20, molti dei quali sono gratuiti. GCC e Clang sono compilatori open source gratuiti, con supporto per C++ 20. Installare questi compilatori e metterli insieme con un editor adatto può essere un po' complicato se sei nuovo in questo genere di cose.

Un modo semplice per installare un compilatore insieme a un editor adatto è scaricare un ambiente di sviluppo integrato (IDE) gratuito come Code::Blocks o Qt Creator. Tali IDE supportano lo sviluppo di un programma completo per diversi compilatori, inclusi GCC e Clang. Un'altra possibilità è utilizzare l'IDE commerciale di Microsoft Visual C++ che gira sotto Microsoft Windows. L'edizione Community è gratuita per uso individuale o anche per piccoli team professionisti e il suo supporto per C++ 20 è alla pari con GCC e Clang. Con Visual Studio ottieni un debugger e un editor professionale completo e facile da usare, oltre al supporto per altri linguaggi come C# e Javascript. Ci sono anche altri compilatori che supportano C++ 20, che puoi trovare con una rapida ricerca online.

Abbiamo organizzato il materiale in questo libro per essere letto in sequenza, quindi dovresti iniziare dall'inizio e continuare fino alla fine. Tuttavia, nessuno ha mai imparato a programmare semplicemente leggendo un libro. Imparerai a programmare in C++ solo scrivendo codice, quindi assicurati di provare tutti gli esempi, non copiarli semplicemente ma compila ed esegui il codice che hai digitato, integrandolo con ciò che hai imparato capitolo per capitolo. Questo può sembrare noioso a volte ma è sorprendente quanto la semplice digitazione delle istruzioni C++ ti aiuterà a capire, specialmente quando credi di non aver colto alcune delle idee.

Se un esempio non funziona, resisti alla tentazione di tornare subito al libro per capire perché. Cerca di capire dal tuo codice cosa c'è che non va, questa è una buona pratica per ciò che dovrai fare quando svilupperai applicazioni C++ per davvero. Fare errori è una parte fondamentale del processo di apprendimento e gli esercizi dovrebbero fornirti ampie opportunità per farlo ed è una buona idea inventare alcuni esercizi personali. Se non sei sicuro di come fare qualcosa, provalo prima di cercarlo, più errori commetti, maggiore sarà la comprensione che avrai di ciò che può andare storto. Assicurati di provare tutti gli esercizi e ricorda, non guardare le soluzioni finché non sei sicuro di non poterli elaborare da solo. La maggior parte di questi esercizi implica solo un'applicazione diretta di ciò che è trattato nel capitolo - in altre parole sono solo esercizi - ma alcuni richiedono anche un po' di impegno o forse anche ispirazione. Goditi questo viaggio con C++!

Capitolo 1: Evoluzione

Creato all'inizio degli anni '80 dallo scienziato informatico danese Bjarne Stroustrup, C++ è uno dei linguaggi di programmazione più antichi ancora in uso. Nonostante la sua età, tuttavia, il C++ è ancora potente, mantenendo costantemente la sua posizione tra i primi cinque nella maggior parte delle classifiche di popolarità per i linguaggi di programmazione.

Quasi tutti i tipi di programmi possono essere scritti in C++, dai driver di dispositivo ai sistemi operativi ai programmi per le buste paga e di natura amministrativa fino ai giochi. Principali sistemi operativi, browser, suite per ufficio, client di posta elettronica, lettori multimediali, sistemi di database: citandone uno a caso si ha un'alta probabilità che sia scritto almeno in parte in C++.

Soprattutto, C++ è più adatto per applicazioni in cui le prestazioni contano molto, come applicazioni che devono elaborare grandi quantità di dati, giochi per computer con grafica di fascia alta o app per dispositivi mobile o integrati. I programmi scritti in C++ sono molto più veloci di quelli scritti in altri linguaggi popolari, infatti, il linguaggio C++ è anche molto efficace per lo sviluppo di applicazioni su una vasta gamma di dispositivi e ambienti informatici, inclusi personal computer, workstation, computer mainframe, tablet e telefoni cellulari.

Il linguaggio di programmazione C++ può essere vecchio ma è ancora molto vivo e vegeto. O, meglio ancora: è di nuovo molto vivo e vegeto. Dopo lo sviluppo e la standardizzazione iniziale negli anni '80, C++ si è evoluto molto lentamente ed è rimasto sostanzialmente invariato per decenni.

Fino al 2011, quando l'ISO (International Organization for Standardization) ha rilasciato una nuova versione dello standard formale C++. Questa edizione dello standard, comunemente indicato come C++ 11, ha rianimato C++ e catapultato il linguaggio che era un po' datato nel 21° secolo. Ha modernizzato il linguaggio e il modo in cui lo usiamo così profondamente che potresti quasi chiamarlo C++ 11 cioè un linguaggio completamente nuovo. La programmazione che utilizza le funzionalità di C++ 11 e versioni successive viene definita C++ moderno.

In questo libro, ti mostreremo che il C++ moderno è molto di più che abbracciare semplicemente le nuove funzionalità del linguaggio: espressioni lambda, deduzione automatica del tipo e nuovi cicli for, per citarne alcune. Più di ogni altra cosa, C++ moderno riguarda i nuovi modi di programmazione, il consenso di ciò che costituisce un buon stile di programmazione. Si tratta di applicare una serie implicita di linee guida e best practice, tutte progettate per rendere la programmazione C++ più semplice, meno soggetta a errori e più produttiva.

Uno stile di programmazione C++ moderno e sicuro sostituisce i tradizionali costrutti di linguaggio di basso livello con l'uso di contenitori, puntatori intelligenti o altre tecniche RAII, enfatizza le eccezioni per segnalare errori, passa oggetti per valore in modo diverso e così via. Naturalmente, tutto questo probabilmente significa poco o niente per te ma non preoccuparti: in questo libro introdurremo gradualmente tutto ciò che devi sapere per programmare in C++!

Lo standard C++ 11 sembra anche aver rianimato la comunità C++, che da allora ha lavorato attivamente per estendere e migliorare ulteriormente il linguaggio. Ogni tre anni viene pubblicata una nuova versione dello standard. Dopo C++ 11 sono arrivati C++ 14, C++ 17 e, più recentemente, C++ 20. Dopo gli aggiornamenti incrementali e meno importanti di C++ 14 e C++ 17, C++ 20 è di nuovo una pietra miliare importante. Come C++ 11 ha fatto dieci anni fa, C++ 20 cambierà di nuovo per sempre il modo in cui programmiamo in C++. In particolare, per chi inizia C++ oggi, tutto ciò che è stato introdotto punta a rendere il linguaggio più semplice, più elegante e più accessibile che mai. Questo libro si riferisce a C++ come definito da C++ 20. Tutto il codice dovrebbe funzionare su qualsiasi compilatore conforme all'edizione C++ 20 dello standard.

La buona notizia è che la maggior parte dei principali compilatori lavora sodo per tenere il passo con tutti gli ultimi sviluppi, quindi se il tuo compilatore non supporta ancora una caratteristica particolare, lo farà presto.

Librerie standard

Se dovessi creare tutto da zero ogni volta che scrivi un programma, sarebbe davvero noioso. La stessa funzionalità è richiesta in molti programmi: leggere i dati dalla tastiera, calcolare una radice quadrata, ordinare i record di dati in una sequenza particolare e così via. C++ viene fornito con una grande quantità di codice prescritto che fornisce servizi come questi in modo da non dover scrivere il codice da soli. Tutto questo codice standard è definito nella Standard Library.

Questa libreria standard è un'enorme raccolta di routine e definizioni che forniscono funzionalità richieste da molti programmi come calcoli numerici, elaborazione di stringhe, ordinamento e ricerca, organizzazione e gestione dei dati e input e output. La libreria standard è così vasta che in questo libro scalfiremo solo la superficie di ciò che è disponibile, hai davvero bisogno di diversi libri per elaborare completamente tutte le funzionalità che fornisce.

Data la portata del linguaggio e l'estensione della libreria, non è insolito per un principiante trovare il C++ un po' scoraggiante. È troppo vasto da imparare nella sua interezza da un solo libro. Tuttavia, non è necessario imparare tutto il C++ per essere in grado di scrivere programmi sostanziali. Puoi avvicinarti al linguaggio passo dopo passo, nel qual caso non è davvero difficile. Un'analogia potrebbe essere imparare a guidare una macchina: puoi certamente diventare un guidatore competente e sicuro senza necessariamente avere la competenza, la conoscenza e l'esperienza per guidare nella 500 Miglia di Indianapolis. Con questo libro puoi imparare tutto ciò di cui hai bisogno per programmare efficacemente in C++. Quando raggiungerai la fine, scriverai con sicurezza le tue applicazioni e sarai anche ben attrezzato per esplorare le potenzialità di C++ e della sua libreria standard.

Capitolo 2: Rappresentare i numeri

Una variabile è un pezzo di memoria con nome definito dall'utente e ogni variabile memorizza solo i dati di un tipo particolare. Ogni variabile ha un tipo che definisce il tipo di dati che può memorizzare e ogni tipo fondamentale è identificato da un nome di tipo univoco costituito da una o più parole chiave.

Le parole chiave sono parole riservate in C++ che non puoi usare per nient'altro. Il compilatore esegue controlli approfonditi per assicurarsi di utilizzare il tipo di dati corretto in un determinato contesto. Esso garantirà inoltre che quando si combinano tipi diversi in un'operazione come l'addizione di due valori, ad esempio, essi siano dello stesso tipo o possano essere compatibili convertendo un valore nel tipo dell'altro. Il compilatore rileva e segnala i tentativi di combinare dati di tipi diversi e incompatibili.

I valori numerici rientrano in due ampie categorie: numeri interi, che sono numeri senza la virgola e valori in virgola mobile. Esistono diversi tipi C++ fondamentali in ciascuna categoria, ognuno dei quali può memorizzare un intervallo di valori specifico. Inizieremo con i tipi interi.

Interi

Ecco un'istruzione che definisce una variabile intera:

```
int conta_mele;
```

Questo definisce una variabile di tipo `int` con il nome `conta_mele`. La variabile conterrà un valore arbitrario. Puoi, e dovresti, specificare un valore iniziale quando definisci la variabile, in questo modo:

```
int conta_mele {15}; // Numero di mele
```

Il valore iniziale di `conta_mele` appare tra le parentesi graffe dopo il nome, quindi ha valore pari a 15. Le parentesi graffe che racchiudono il valore iniziale sono chiamate parentesi inizializzatrici. Più avanti nel libro incontrerai situazioni in cui un inizializzatore con parentesi graffe avrà diversi valori tra le parentesi graffe.

Non è necessario inizializzare le variabili quando le definisci, ma è una buona idea farlo. Garantire che le variabili abbiano valori noti rende più facile capire cosa non va quando il codice non funziona come previsto.

La dimensione delle variabili di tipo `int` è tipicamente di quattro byte, quindi possono memorizzare numeri interi compresi tra −2.147.483.648 e +2.147.483.647. Questo copre la maggior parte delle situazioni, motivo per cui `int` è il tipo intero utilizzato più di frequente. Ecco le definizioni per tre variabili di tipo `int`:

```
int conta_mele {15}; // Numero di mele
int conta_arance {5}; // Numero di
arance
int totale_frutta{conta_mele +
conta_arance}; // Numero totale di
frutti
```

Il valore iniziale di `totale_frutta` è la somma dei valori di due variabili definite in precedenza. Ciò dimostra che il valore iniziale di una variabile può essere un'espressione. Le istruzioni che definiscono le due variabili nell'espressione per il valore iniziale di `totale_frutta` devono apparire in precedenza nel file di origine; in caso contrario, la definizione di `totale_frutta` non verrà compilata.

Esistono altri due modi per inizializzare una variabile: notazione funzionale e notazione di assegnazione. Questi assomigliano a questo (sì, anche il pomodoro è un frutto):

```
int conta_limoni(4); // Notazione
funzionale
int conta_pomodori = 12; // Notazione di
assegnamento
```

Il più delle volte, queste tre notazioni (parentesi graffe, funzionale e notazione di assegnazione) sono equivalenti. Il modulo di inizializzazione con le parentesi graffe, tuttavia, è leggermente più sicuro quando si tratta di cosiddette "conversioni narrow". Una conversione narrow modifica un valore in un tipo con un intervallo di valori più limitato.

Qualsiasi conversione di questo tipo potrebbe comportare una perdita di informazioni. Ecco un esempio:

```
int conta_banane(7.5); // Compila senza
errori
int conta_manderini = 5.3; // Compila
senza errori
```

Normalmente, il valore iniziale che fornisci sarà dello stesso tipo della variabile che stai definendo. Se non lo è, tuttavia, il compilatore proverà a convertirlo nel tipo richiesto. Nel nostro esempio precedente, abbiamo specificato valori iniziali non interi per due variabili intere. Per ora ti basta sapere che le

variabili `conta_banane` e `conta_manderini`
conterranno i valori interi 7 e 5,
rispettivamente.

È improbabile che questo sia ciò che l'autore
aveva in mente, tuttavia, per quanto riguarda
lo standard C++, queste due definizioni sono
perfettamente valide.

Sebbene alcuni compilatori emettano un
avviso su tale restringimento delle
conversioni, sicuramente non tutti lo fanno. Se
si utilizza il modulo di inizializzazione con
parentesi graffe, tuttavia, è necessario un
compilatore conforme per emettere almeno
un messaggio di diagnostica. Per esempio:

```
int conta_papaya {0.3}; // Almeno un
avviso del compilatore, spesso un errore
```

Se questa istruzione viene compilata, la
variabile verrà inizializzato al valore intero 0
ma almeno il compilatore ti avrà avvertito che

qualcosa potrebbe non funzionare correttamente. Alcuni compilatori emettono persino un errore e si rifiutano di compilare del tutto tali definizioni.

Riteniamo che tale conversione non meriti di passare inosservata, poiché spesso è un errore. In questo libro consigliamo la sintassi dell'inizializzatore con parentesi graffe. Questa è la sintassi più recente introdotta in C++ 11 specificamente per standardizzare l'inizializzazione. Oltre a fornire migliori garanzie di sicurezza quando si tratta di conversioni, il suo vantaggio principale è che consente di inizializzare quasi tutto nello stesso modo, motivo per cui viene anche comunemente definito inizializzazione uniforme.

A volte potresti voler definire variabili con valori che sono fissi e non devono essere modificati. Si utilizza la parola chiave `const` nella definizione di una variabile che non deve essere modificata. Tali variabili vengono spesso definite costanti. Ecco un esempio:

```
const unsigned conta_dieci {10}; // Un
intero senza segno che ha valore 10
```

La parola chiave `const` dice al compilatore che il valore di `conta_dieci` non deve essere modificato. Qualsiasi istruzione che tenti di modificare questo valore verrà contrassegnata come errore durante la compilazione! È possibile utilizzare la parola chiave `const` per correggere il valore di variabili di qualsiasi tipo.

Probabilmente avrai notato la parola chiave `unsigned`. Naturalmente, ci sono circostanze in cui non è necessario memorizzare numeri negativi. Il numero di studenti in una classe o il numero di soci in un'assemblea è sempre un numero intero positivo. È possibile specificare tipi interi che memorizzano solo valori non negativi anteponendo a uno dei nomi dei tipi interi con segno la parola chiave `unsigned`, ad esempio tipi `unsigned char` o `unsigned short` o `unsigned int`, ad esempio. Ogni tipo `unsigned` è un tipo diverso dal tipo `signed` ma occupa la stessa quantità di memoria.

Floating-point

Si utilizzano variabili a virgola mobile ogni volta che si desidera lavorare con valori non interi. Esistono tre tipi di dati in virgola mobile:

- float
- double
- long double

Come spiegato in precedenza, il termine precisione si riferisce al numero di cifre significative nella mantissa. I tipi sono in ordine crescente di precisione, con `float` che fornisce il numero più basso di cifre nella mantissa e `long double` il più alto.

La precisione determina solo il numero di cifre nella mantissa. L'intervallo di numeri che può essere rappresentato da un particolare tipo è determinato dall'intervallo di possibili esponenti. La precisione e l'intervallo di valori non sono prescritti dallo standard C++, quindi ciò che ottieni con ogni tipo dipende dal tuo compilatore.

E questo, a sua volta, dipenderà dal tipo di processore utilizzato dal computer e dalla rappresentazione in virgola mobile che utilizza. Lo standard garantisce che il tipo `long double` fornirà una precisione non inferiore a quella del tipo `double` e il tipo `double` fornirà una precisione non inferiore a quella del tipo `float`. Praticamente tutti i compilatori e le architetture di computer oggi, tuttavia, usano numeri in virgola mobile e aritmetica come specificato dallo standard IEEE.

Normalmente, `float` fornisce quindi sette cifre decimali di precisione (con una mantissa di 23 bit), `double` quasi 16 cifre (mantissa a 52 bit). Per il `long double`, dipende dal tuo compilatore: con la maggior parte dei compilatori principali fornisce da 18 a 19 cifre di precisione (mantissa a 64 bit), ma con altri (in particolare Microsoft Visual C++) è preciso quanto `double`.

Di seguito sono riportate alcune istruzioni che definiscono le variabili a virgola mobile:

```
float pi {3.1415926f}; // Valore di pi
greco
double inch_a_mm {25.4};
long double radice_quadrata
{1.4142135623730950488L}; // Radice
quadrata di 2
```

Come puoi vedere, definisci le variabili a virgola mobile proprio come le variabili intere. Il tipo `double` è più che adeguato nella maggior parte delle circostanze.

In genere si utilizza il `float` solo quando la velocità o la dimensione dei dati è davvero essenziale. Se usi il `float`, però, devi sempre stare attento che la perdita di precisione sia accettabile per la tua applicazione.

Capitolo 3: Rappresentare stringhe

Le variabili di tipo char vengono utilizzate principalmente per memorizzare un codice per un singolo carattere e occupano un byte. Lo standard C++ non specifica la codifica dei caratteri da utilizzare per il set di caratteri di base, quindi in linea di principio questo dipende dal particolare compilatore, ma di solito è ASCII. Definisci le variabili di tipo char allo stesso modo delle variabili degli altri tipi che hai visto. Ecco un esempio:

```
char letter; // Non inizializzato,
quindi valore inutile
char yes {'Y'}, no {'N'}; //
Inizializzato con caratteri letterali
char ch {33}; // Inizializzatore intero
equivalente a "!"
```

È possibile inizializzare una variabile di tipo `char` con un carattere letterale tra virgolette singole o un numero intero. Un inizializzatore intero deve essere compreso nell'intervallo del tipo `char` — ricorda, dipende dal compilatore se è un tipo con segno o senza segno. Ovviamente, puoi specificare un carattere come una delle sequenze di escape, esistono anche sequenze di escape che specificano un carattere in base al suo codice espresso come valore ottale o esadecimale.

La sequenza di escape per un codice di caratteri ottali è composta da una a tre cifre ottali precedute da una barra rovesciata mentre per caratteri esadecimali è una o più cifre esadecimali precedute da `\x`. Ad esempio, la lettera `"A"` potrebbe essere scritta come `"\x41"` esadecimale in ASCII. Ovviamente, potresti scrivere codici che non rientrano in un singolo byte, nel qual caso il risultato è definito dall'implementazione.

Le variabili di tipo `char` sono numeriche; dopotutto, memorizzano codici interi che rappresentano i caratteri. Possono quindi partecipare a espressioni aritmetiche, proprio come le variabili di tipo `int` o `long`. Ecco un esempio:

```
char ch {'A'};
char lettera {ch + 2}; // lettera è pari
a 'C'
++ch; // ch è stato incrementato di 1
unità quindi è 'B'
ch += 3; // ch è stato aumentato di 3
unità quindi è 'E'
```

Quei simboli `++` e `+=` ti hanno indimidito? Non ti preoccupare si tratta semplicemente di addizioni. Il primo simbolo recupera il valore e lo incrementa di un'unità mentre il secondo equivale a scrivere:

```
ch = ch + 3;
```

Hai visto come inserire un operatore ++ (è lo stesso per --) prima della variabile a cui si applica. Questa è chiamata forma prefissa dell'operatore. Puoi anche metterli dopo una variabile, chiamata forma postfissa ma l'effetto è leggermente diverso. Prova a scoprirlo da solo.

Come stampare a video?

Quando scrivi una variabile `char` usando `cout` o `format()`, per impostazione predefinita viene visualizzata come un carattere, non come un numero intero. Se vuoi vederlo come un valore numerico con `cout`, non hai altra scelta che effettuare una conversione prima su un intero. Con `format()`, puoi invece formattare il carattere usando la formattazione binaria (b), decimale (d) o esadecimale (x). Ecco un esempio:

```
std::cout << std::format("ch è '{0}', il
cui codice è {0:#x}\n", ch);
```

Il risultato sarà:

```
ch è 'E', il cui codice è 0x45
```

Abbiamo utilizzato gli indici degli argomenti (0) per formattare lo stesso valore di carattere due volte: una con la formattazione predefinita e una con la forma alternativa (#) della formattazione esadecimale minuscola (x). Quando si utilizza >> per leggere da un flusso in una variabile di tipo char, verrà memorizzato il primo carattere non bianco.

Ciò significa che non puoi leggere i caratteri di spazio in questo modo; vengono semplicemente ignorati. Inoltre, non puoi leggere un valore numerico in una variabile di tipo char; se ci provi, verrà memorizzato il codice carattere per la prima cifra.

Verifica le tue competenze

1) Crea un programma che converta pollici in cm e viceversa. Nel caso in cui tu non abbia familiarità con le unità imperiali: 1 pollice equivale a 2,54 cm. Un input di 55 pollici, ad esempio, dovrebbe quindi produrre un output di 139,7 cm. Chiedi all'utente di inserire un valore intero corrispondente al numero di pollici, quindi effettuare la conversione e produrre il risultato.

2) Scrivi un programma che calcoli l'area di un cerchio. Il programma dovrebbe richiedere l'inserimento del raggio del cerchio dalla tastiera. Calcola l'area utilizzando la formula area = pi * raggio * raggio, quindi visualizza il risultato.

- N.B: Input e output vengono eseguiti utilizzando flussi e comportano l'uso degli

operatori di inserimento ed estrazione, `<<`
e `>>`. `std::cin` è un flusso di input standard
che corrisponde alla tastiera. `std::cout` è
un flusso di output standard per la scrittura
di testo sullo schermo. Entrambi sono
definiti nel modulo `<iostream>` della
Standard Library.

Capitolo 4: Operatori

Sai già che esiste una sequenza di priorità per l'esecuzione di operatori aritmetici in un'espressione. In generale, la sequenza in cui vengono eseguiti gli operatori in un'espressione è determinata dalla precedenza degli operatori.

La precedenza degli operatori è solo un termine di fantasia per indicare la priorità di un operatore. Alcuni operatori, come l'addizione e la sottrazione, hanno la stessa precedenza. Ciò solleva la questione di come viene valutata un'espressione come a+b-c+d. Quando più operatori di un gruppo con la stessa precedenza compaiono in un'espressione, in assenza di parentesi, l'ordine di esecuzione è determinato dall'associatività del gruppo.

Un gruppo di operatori può essere associativo a sinistra, il che significa che gli operatori vengono eseguiti da sinistra a destra, oppure possono essere associativi a destra, il che significa che vengono eseguiti da destra a sinistra. Quasi tutti i gruppi di operatori sono associativi a sinistra, quindi la maggior parte delle espressioni che coinvolgono operatori con uguale precedenza vengono valutate da sinistra a destra.

Gli unici operatori associativi a destra sono tutti gli operatori unari, i vari operatori di assegnazione e l'operatore condizionale. La tabella seguente mostra la precedenza e l'associatività di tutti gli operatori in C++:

Precedenza	Operatore	Associatività
1	: :	Sinistra
2	() [] ->	Sinistra
3	! ~	Destra
4	.* ->*	Sinistra
5	* / %	Sinistra
6	+ e - binari	Sinistra

7	<< >>	Sinistra
8	<=>	Sinistra
9	< <= > >=	Sinistra
10	== !=	Sinistra
11	&	Sinistra
12	^	Sinistra
13	|	Sinistra
14	&&	Sinistra
15	||	Sinistra
16	?: = *= += -=	Destra

Non hai ancora incontrato la maggior parte di questi operatori ma quando ti chiederai conoscere la precedenza e l'associatività di uno di essi, saprai dove trovarlo.

Vediamo un semplice esempio per assicurarci che sia chiaro come funziona tutto questo. Considera questa espressione:

```
x * y / z - b + c - d
```

Gli operatori * e / sono nello stesso gruppo con precedenza maggiore del gruppo contenente + e -, quindi l'espressione x * y /

z viene valutata per prima, con un risultato che chiamiamo r. Gli operatori nel gruppo che contiene * e / sono associativi a sinistra, quindi l'espressione viene valutata come se fosse (x * y) / z. Il passo successivo è la valutazione di r - b + c - d.

Anche il gruppo contenente gli operatori + e - è associativo a sinistra, quindi sarà valutato come ((r - b) + c) - d. Pertanto, l'intera espressione viene valutata come se fosse scritta come segue:

```
((((x * y) / z) - b) + c) - d
```

Ricorda, le parentesi annidate vengono valutate in sequenza dalla più interna alla più esterna. Probabilmente non sarai in grado di ricordare la precedenza e l'associatività di ogni operatore, almeno non finché non avrai passato molto tempo a scrivere codice C++.

Ogni volta che sei incerto, puoi sempre aggiungere parentesi per assicurarti che le cose vengano eseguite nella sequenza che desideri. E anche quando sei sicuro (perché sei un guru della precedenza), non fa mai male aggiungere alcune parentesi extra per chiarire un'espressione complessa.

Capitolo 5: Confronti

Il processo decisionale è fondamentale per qualsiasi tipo di programmazione informatica ed è una delle cose che differenzia un computer da una calcolatrice. Significa alterare la sequenza di esecuzione a seconda del risultato di un confronto.

In questo capitolo esplorerai come effettuare scelte e decisioni. Ciò consentirà di convalidare l'input del programma e scrivere programmi che possono adattare le proprie azioni a seconda dei dati di input. I tuoi programmi saranno in grado di gestire problemi in cui la logica è fondamentale per la soluzione.

In questo capitolo imparerai:

- Come confrontare i valori dei dati
- Come modificare la sequenza di esecuzione del programma in base al risultato di un confronto
- Cosa sono gli operatori logici e le espressioni e come li applichi
- Come gestire la scelta multipla situazioni

Per prendere decisioni, è necessario un meccanismo per confrontare gli elementi e ci sono diversi tipi di confronti. Ad esempio, una decisione come "Se il semaforo è rosso, ferma l'auto" implica un confronto per l'uguaglianza. Si confronta il colore del segnale con un colore di riferimento, il rosso, e se sono uguali si ferma l'auto.

D'altra parte, una decisione del tipo "Se la velocità dell'auto supera il limite, rallenta" implica una relazione diversa. Qui si controlla se la velocità dell'auto è maggiore del limite di velocità attuale. Entrambi questi confronti sono simili in quanto danno luogo a uno dei due valori: sono veri o falsi. Questo è esattamente il modo in cui funzionano i confronti in C++. È possibile confrontare i valori dei dati utilizzando due nuovi set di operatori, ovvero gli operatori relazionali e di uguaglianza. La tabella elenca i sei operatori per confrontare due valori:

Operatore	Significato
<	Minore di
<=	Minore o uguale a
>	Maggiore di
>=	Maggiore o uguale a
==	Uguale a
!=	Diverso da

Presta attenzione, l'operatore uguale a, ==, ha due segni di uguale consecutivi e non si tratta dell'operatore di assegnazione, =, che consiste in un unico segno di uguale. È un errore comune tra i principianti usare un segno di uguale invece di due per confrontare l'uguaglianza. Ciò non risulterà necessariamente in un messaggio di avviso dal compilatore perché l'espressione potrebbe essere valida ma non è quella che si intendeva, quindi è necessario prestare particolare attenzione per evitare questo errore.

Ciascuno degli operatori nella tabella confronta due valori e restituisce un valore di tipo `bool`. Ci sono solo due possibili valori `bool`, vero e falso infatti `true` e `false` sono parole chiave e sono letterali di tipo `bool`. A volte sono chiamati letterali booleani (da George Boole, il padre dell'algebra booleana). Crei variabili di tipo bool proprio come gli altri tipi fondamentali. Ecco un esempio:

```
bool valido {true}; // Definisci e
inizializza una variabile logica su true
```

Questo definisce la variabile `valido` come tipo `bool` con un valore iniziale di `true`. Se inizializzi una variabile `bool` usando parentesi graffe vuote, `{}`, il suo valore iniziale è falso:

```
bool corretto {}; // Definisce e
inizializza una variabile logica su
false
```

Sebbene l'uso esplicito di `{false}` potrebbe probabilmente migliorare la leggibilità del codice, è bene ricordare che dove le variabili numeriche sono inizializzate a zero, ad esempio, quando si utilizza `{}`, le variabili booleane verranno inizializzate su `false`.

Applicare gli operatori

Puoi vedere come funzionano i confronti guardando alcuni esempi. Supponiamo di avere variabili intere `i` e `j`, rispettivamente con valori 10 e −5. Considera le seguenti espressioni:

```
i > j; i != j; j > -8; i <= j + 15;
```

Tutte queste espressioni restituiscono `true`. Si noti che nell'ultima espressione, l'addizione, `j + 15`, viene eseguita per prima perché `+` ha una precedenza maggiore di `<=`. È possibile memorizzare il risultato di una qualsiasi di queste espressioni in una variabile di tipo `bool`. Ecco un esempio:

```
valido = i > j;
```

Se `i` è maggiore di `j`, viene memorizzato `true` in `valido`; in caso contrario, viene memorizzato `false`.

Puoi anche confrontare i valori memorizzati nelle variabili dei tipi di carattere. Supponiamo di definire le seguenti variabili:

```
char primo {'A'};
char ultimo {'Z'};
```

Puoi scrivere confronti usando queste variabili:

```
primo < ultimo; 'E' <= primo; primo !=
ultimo;
```

Qui stai confrontando i valori del codice (ricorda che i caratteri sono mappati in codici interi usando schemi di codifica standard come ASCII e Unicode). La prima espressione controlla se il valore di `primo`, che è "A", è minore del valore di `ultimo`, che è "Z". Questo è sempre vero. Il risultato della seconda espressione è falso perché il valore del codice per "E" è maggiore del valore del primo. L'ultima espressione è vera, perché "A" non è assolutamente uguale a "Z".

Come vedi, puoi generare valori bool con la stessa facilità di qualsiasi altro tipo. Ecco un esempio che mostra come appaiono per impostazione predefinita:

```
import < iostream > ;
int main() {
  char primo {}; // Memorizza il primo
carattere
  char secondo {}; // Memorizza il
secondo carattere
  std::cout << "Inserisci un carattere:
";
  std::cin >> primo;
  std::cout << "Inserisci un secondo
carattere: ";
  std::cin >> secondo;
  std::cout << "Il valore
dell'espressione è " << primo << '<' <<
secondo <<
    " è " << (primo < secondo) <<
std::endl;
```

```
std::cout << "Il valore
dell'espressione è " << primo << "==" <<
secondo <<
    " è " << (primo == secondo) <<
std::endl;
}
```

La richiesta di input e la lettura dei caratteri
dalla tastiera è una pratica standard che hai
visto prima. Nota che le parentesi attorno alle
espressioni di confronto nell'istruzione di
output sono necessarie qui. Se le ometti, il
compilatore restituisce un messaggio di errore
(per capire perché dovresti rivedere le regole
di precedenza degli operatori dall'inizio del
capitolo precedente).

Le espressioni confrontano il primo e il
secondo carattere immesso dall'utente.
Dall'output è possibile vedere che il valore
true viene visualizzato come 1 e il valore
false viene visualizzato come 0 infatti queste
sono le rappresentazioni predefinite per true

e `false`. È possibile rendere i valori `bool` in uscita come vero e falso utilizzando il manipolatore `std::boolalpha`. Basta aggiungere questa istruzione da qualche parte prima delle ultime quattro righe della funzione `main()`:

```
std::cout << std::boolalpha;
```

Se compili ed esegui di nuovo l'esempio, ottieni valori `bool` visualizzati come vero o falso. Per riportare l'output dei valori `bool` all'impostazione predefinita, ti basta inserire il manipolatore `std::noboolalpha` nel flusso. In alternativa, puoi semplicemente usare le funzionalità del modulo `<format>` per comporre la stringa di output.

`std::format()` restituisce `true` e `false` per i booleani per impostazione predefinita ed è privo di problemi di precedenza degli operatori. Porta anche ad un codice più leggibile perché il testo stesso non è più intercalato con gli operatori di streaming.

```
std::cout << std::format("Il valore
dell'espressione è {} < {} è {}\n",
primo, secondo, primo < secondo);

std::cout << std::format("Il valore
dell'espressione è {} == {} è {}\n",
primo, secondo, primo < secondo);
```

Spaceship

In C++ 20, un nuovo operatore è stato aggiunto al linguaggio per confrontare i valori: l'operatore di confronto a tre vie, indicato con `<=>`. Questo nuovo operatore è meglio conosciuto usando il suo nome informale: operatore astronave o spaceship. Questo soprannome deriva dal fatto che la sequenza di caratteri `<=>` assomiglia in qualche modo a un disco volante e, in un certo senso, `<=>` si comporta come `<`, `==` e `>` tutti compressi in uno solo.

In poche parole, `a <=> b` determina, in una singola espressione, se `a` è minore, uguale o maggiore di `b`. Tuttavia, è più semplice spiegare il funzionamento di base di `<=>` tramite del codice. L'esempio seguente legge un numero intero e quindi utilizza `<=>` per confrontare quel numero con zero:

```
import <compare>; // Richiesto quando si
utilizza l'operatore <=> (anche per i
tipi fondamentali)
import <format>;
import <iostream>;
int main()
{
 std::cout << "Per favore inserisci un
numero: ";
 int valore;
 std::cin >> valore;
 std::strong_ordinamento ordinamento{
valore <=> 0 };
 std::cout << std::format("valore < 0:
{}\n", ordinamento ==
std::strong_ordinamento::less);
 std::cout << std::format("valore > 0:
{}\n", ordinamento ==
std::strong_ordinamento::greater);
 std::cout << std::format("valore == 0:
{}\n", ordinamento ==
std::strong_ordinamento::equal);
}
```

Per gli operandi interi, l'operatore `<=>` restituisce un valore di tipo `std::strong_ordering`, un tipo che per la maggior parte funge da tipo di enumerazione con possibili valori minore, maggiore e uguale. In base al valore dell'ordine, è quindi possibile determinare come viene ordinato il valore rispetto al numero zero. A questo punto potresti chiederti: qual è lo scopo di questo operatore? E giustamente così.

Come con tutti gli incontri alieni, l'operatore astronave appare inizialmente un po' strano e sconcertante. Richiede meno digitazione ed è altrettanto efficiente, infatti, quando si confrontano variabili di tipi fondamentali, l'operatore <=> ha poco o nessun senso. Il confronto di variabili di tipi più complessi, tuttavia, può essere costoso. Può quindi essere vantaggioso confrontarli solo una volta invece di due o tre volte.

Capitolo 6: Prendere decisioni

if

L'istruzione `if` di base consente di scegliere di eseguire una singola istruzione, o un blocco di istruzioni, quando una data condizione è vera. Ecco un esempio di un'istruzione `if` che verifica il valore di una variabile di tipo `char`, chiamata `lettera`:

```
if (lettera == 'A')
  std::cout << "La prima lettera
maiuscola, in ordine alfabetico.\n"; //
Solo se la lettera è uguale a "A"

std::cout << "Questa istruzione viene
sempre eseguita.\n";
```

Se la lettera ha il valore 'A', la condizione è vera e queste istruzioni stamperanno entrambe le frasi. Se il valore della lettera non è uguale a "A", nell'output viene visualizzata solo la seconda riga.

Metti la condizione da testare tra parentesi immediatamente dopo la parola chiave, `if`. Adottiamo la convenzione di aggiungere uno spazio tra `if` e le parentesi (per differenziare visivamente dalle chiamate di funzione), ma non è richiesto e come al solito, il compilatore ignorerà tutti gli spazi.

L'istruzione che segue `if` è indentata per indicare che viene eseguita solo come risultato della condizione vera. L'indentazione non è necessaria per la compilazione del programma ma aiuta a riconoscere la relazione tra la condizione `if` e l'istruzione che dipende da essa.

Non inserire mai un punto e virgola (`;`) subito dopo la condizione dell'istruzione `if`. Sfortunatamente, così facendo, il codice viene compilato senza errori (nella migliore delle ipotesi, il compilatore emetterà un avviso), ma non significa affatto ciò che volevi. Il punto e virgola sulla prima riga risulta in una cosiddetta istruzione vuota o istruzione nulla.

I punti e virgola superflui, e quindi le istruzioni vuote, possono apparire praticamente ovunque all'interno di una serie di istruzioni. Di solito, tali dichiarazioni vuote non hanno alcun effetto ma quando viene aggiunto immediatamente dopo la condizione `if`, un punto e virgola lega l'istruzione che viene eseguita se la condizione restituisce `true`.

Tutte le istruzioni nel blocco verranno eseguite quando la condizione `if` è vera. Senza le parentesi graffe, solo la prima istruzione dopo `if` sarebbe eseguita. Puoi avere tutte le dichiarazioni che desideri all'interno del blocco; puoi anche avere blocchi annidati. Se e quando la lettera ha il valore "A", verranno eseguite entrambe le istruzioni all'interno del blocco. Nessuna di queste istruzioni viene eseguita se la condizione è falsa. L'istruzione che segue il blocco viene sempre eseguita.

Se esegui il cast di `true` su un tipo intero, il risultato sarà 1; la conversione di `false` in un numero intero restituisce 0. Al contrario, è anche possibile convertire i valori numerici nel tipo `bool`. Zero è convertito in falso e qualsiasi valore diverso da zero viene convertito in vero. Quando si dispone di un valore numerico in cui è previsto un valore `bool`, il compilatore inserirà una conversione implicita per convertire il valore numerico nel tipo `bool`. Questo è utile nel codice decisionale.

if-else

L'istruzione `if` che hai utilizzato esegue un'istruzione o un blocco di istruzioni se la condizione specificata è vera. L'esecuzione del programma continua quindi con l'istruzione successiva in sequenza. Naturalmente, potresti voler eseguire un blocco di istruzioni quando la condizione è vera e un altro insieme quando la condizione è falsa. Un'estensione dell'istruzione `if` chiamata istruzione `if-else` lo consente.

La combinazione `if-else` offre una scelta tra due opzioni. Puoi sempre utilizzare un blocco di istruzioni ovunque tu possa inserire una singola dichiarazione. Ciò consente l'esecuzione di un numero qualsiasi di istruzioni per ciascuna opzione in un'istruzione `if-else`. È possibile scrivere un'istruzione `if-else` che riporti se il carattere memorizzato nella lettera della variabile `char` era alfanumerico oppure no:

```
if (std::isalnum(lettera))
{
  std::cout << "E' una lettera o un
numero." << std::endl;
}
else
{
  std::cout << "Non è nè una lettera nè
un numero." << std::endl;
}
```

Questo codice usa la funzione `isalnum()` dall'intestazione C `<cctype>` che hai visto. Se `lettera` contiene una lettera o una cifra, `isalnum()` restituisce un numero intero positivo. Questo verrà convertito implicitamente in un valore `bool`, che sarà vero, quindi viene visualizzato il primo messaggio. Se `lettera` contiene qualcosa di diverso da una lettera o una cifra, `isalnum()` restituisce 0, che viene convertito in `false`, quindi viene eseguita l'istruzione di output dopo `else`.

Anche in questo caso le parentesi graffe non sono obbligatorie perché contengono singole affermazioni, ma il tuo codice sarà più chiaro se le inserisci. L'indentazione nei blocchi è un indicatore visibile della relazione tra le varie istruzioni e così puoi vedere chiaramente quale istruzione viene eseguita per un risultato vero e quale viene eseguita se falso.

Dovresti sempre indentare le istruzioni nei tuoi programmi per mostrare la loro struttura logica.

Operatore condizionale

L'operatore condizionale è talvolta chiamato operatore ternario perché coinvolge tre operandi, l'unico operatore a farlo. È parallelo all'istruzione `if-else`, in quanto invece di selezionare uno dei due blocchi di istruzioni da eseguire a seconda di una condizione, seleziona il valore di una delle due espressioni. Pertanto, l'operatore condizionale consente di scegliere tra due valori. Consideriamo un esempio. Supponiamo di avere due variabili, `a` e `b`, e di voler assegnare il valore della maggiore delle due a una terza variabile, `c`. La seguente dichiarazione farà questo:

```
c = a > b ? a : b; // Imposta c al
valore più alto tra a e b
```

L'operatore condizionale ha un'espressione logica come primo operando, in questo caso a > b. Se questa espressione è vera, il secondo operando, in questo caso a, viene selezionato come valore risultante dall'operazione. Se il primo operando è falso, il terzo operando, in questo caso b, viene selezionato come valore.

Pertanto, il risultato dell'espressione condizionale è a nel caso in cui a è maggiore di b, b altrimenti. Questo valore è memorizzato in c. L'istruzione di assegnazione è equivalente all'istruzione if:

```
if (a > b)
{
  c = a;
}
else
{
  c = b;
}
```

75

switch

Ti trovi spesso di fronte a una situazione a scelta multipla in cui devi eseguire un particolare insieme di istruzioni da un numero di scelte (cioè più di due), a seconda del valore di una variabile intera o di un'espressione.

L'istruzione `switch` consente di selezionare tra più scelte. Le scelte sono identificate da un insieme di valori interi o di enumerazione fissi e la selezione di una particolare scelta è determinata dal valore di un dato numero intero o costante. Le scelte in un'istruzione switch sono chiamate "case".

Una lotteria in cui vinci un premio in base al tuo numero di arrivo è un esempio di dove potrebbe essere applicato. Compri un biglietto numerato e, se sei fortunato, vinci un premio.

Ad esempio, se il numero del tuo biglietto è 147, vinci il primo premio; se è 387, puoi richiedere il secondo premio e il biglietto 29 ti dà un terzo premio; qualsiasi altro numero di biglietto non vince nulla.

L'istruzione switch per gestire questa situazione avrebbe quattro casi: uno per ciascuno dei numeri vincenti, più un caso "predefinito" per tutti i numeri perdenti.

Ecco un'istruzione switch che seleziona un messaggio per un determinato numero di ticket:

```cpp
switch (numero_ticket)
{
case 147:
 std::cout << "Hai vinto il primo
premio!";
 break;
case 387:
 std::cout << "Hai vinto il secondo
premio!";
 break;
case 29:
 std::cout << "Hai vinto il terzo
premio!";
```

```
 break;
default:
 std::cout << "Ci dispiace, non hai
vinto.";
 break;
}
```

L'istruzione switch è più difficile da descrivere
che da usare. La selezione di un caso
particolare è determinata dal valore
dell'espressione intera tra le parentesi che
seguono la parola chiave `switch`. In questo
esempio, è semplicemente la variabile intera
`numero_ticket`. Le scelte possibili in
un'istruzione `switch` vengono visualizzate in
un blocco e ogni scelta è identificata da un
valore `case`. Un valore case viene visualizzato
in un'etichetta, che è della seguente forma:

```
case valore:
```

Questa è chiamata etichetta del case perché
etichetta le istruzioni o il blocco di istruzioni
che precede. Le istruzioni che seguono una

particolare etichetta del case vengono eseguite se il valore dell'espressione di selezione è uguale a quello del valore case.

Ogni valore case deve essere univoco ma non è necessario che i valori siano in un ordine particolare, come dimostra l'esempio. Ogni valore case deve essere un'espressione costante, che è un'espressione che il compilatore può valutare in fase di compilazione. I valori case sono per lo più letterali o variabili `const` inizializzate con letterali. Naturalmente, qualsiasi etichetta del case deve essere dello stesso tipo dell'espressione di condizione all'interno del precedente `switch()` o essere convertibile in quel tipo. L'etichetta predefinita nell'esempio identifica il caso predefinito, che è un caso che viene usato se nessuno degli altri casi è stato selezionato. Se presente, l'etichetta `default` non deve essere necessariamente l'ultima etichetta.

Lo è spesso, ma in linea di principio può apparire ovunque tra le normali etichette dei case. Inoltre, non è necessario specificare un caso predefinito. Se non lo fai e nessuno dei valori del caso è selezionato, l'opzione non fa nulla.

L'istruzione `break` che appare dopo ogni serie di istruzioni `case` è essenziale per la logica qui. L'esecuzione di un'istruzione `break` esce dall'opzione e fa sì che l'esecuzione continui con l'istruzione che segue la parentesi graffa di chiusura. Se ometti l'istruzione `break` per un caso, verranno eseguite le istruzioni per il caso seguente. Si noti che non abbiamo bisogno di un'interruzione dopo il case finale (di solito il case `default`) perché l'esecuzione lascia comunque lo `switch` a questo punto.

È una buona norma di programmazione includerlo, tuttavia, perché protegge dal rischio di cadere accidentalmente in un altro case che potresti aggiungere in seguito. `switch,` `case,` `default` e `break` sono tutte parole chiave.

Verifica le tue abilità

1. Scrivi un altro programma che richieda l'immissione di due numeri interi. Qualsiasi numero negativo o zero deve essere rifiutato quindi controlla se uno dei numeri (strettamente positivi) è un multiplo esatto dell'altro. Ad esempio, 63 è un multiplo di 1, 3, 7, 9, 21 o 63. Nota che che l'utente dovrebbe essere autorizzato a inserire i numeri in qualsiasi ordine. Cioè, non importa se l'utente inserisce per primo il numero più grande o quello più piccolo; entrambi dovrebbero funzionare correttamente!

2. Scrivi un programma che determini, utilizzando solo l'operatore condizionale, se un numero intero immesso ha un valore uguale o

inferiore a 20, è maggiore di 20 ma non maggiore di 30, è maggiore di 30 ma non superiore a 100, o è maggiore di 100.

3. Crea un programma che richieda l'immissione di un numero (sono consentiti numeri non interi) compresi tra 1 e 100. Utilizzare un se nidificato, prima per verificare che il numero sia all'interno di questo intervallo e poi, in caso affermativo, determinare se è maggiore, minore o uguale a 50. Il programma dovrebbe fornire un risultato su ciò che è stato trovato.

Capitolo 7: Array

Le variabili create fino ad ora possono memorizzare solo un singolo elemento di dati del tipo specificato: un numero intero, un valore a virgola mobile, un carattere o un valore `bool`. Un array memorizza diversi elementi di dati dello stesso tipo. È possibile creare un array di numeri interi o un array di caratteri (o in effetti un array di qualsiasi tipo di dati) e possono essere tanti quanti ne consente la memoria disponibile.

Un array è una variabile che rappresenta una sequenza di posizioni di memoria, ciascuna delle quali memorizza un elemento di dati dello stesso tipo di dati. Supponiamo, ad esempio, di aver scritto un programma per calcolare la temperatura media. Ora si desidera estendere il programma per calcolare quanti campioni sono al di sopra di quella media e quanti sono al di sotto. Dovrai conservare i dati di esempio originali per farlo, ma memorizzare ogni elemento in una variabile separata sarebbe difficile da codificare e davvero poco pratico. Un array fornisce i mezzi per farlo facilmente.

È possibile memorizzare 366 campioni di temperatura in un array definito come segue:

```
double temperature[366]; // Definisce un
array di 366 temperature
```

Definisce un array con il nome temperature per memorizzare 366 valori di tipo `double`. I valori dei dati sono chiamati elementi. Il numero di elementi specificato tra le parentesi è la dimensione della matrice. Gli elementi dell'array non sono inizializzati in questa istruzione, quindi contengono valori inutili al momento.

La dimensione di un array deve sempre essere specificata utilizzando un'espressione intera costante. Può essere utilizzata qualsiasi espressione intera che il compilatore può valutare in fase di compilazione, sebbene per lo più si tratterà di un valore letterale intero o di una variabile intera `const` che a sua volta è stata inizializzata utilizzando un valore letterale.

Fai riferimento a un elemento dell'array utilizzando un numero intero chiamato indice. L'indice di un particolare elemento dell'array è il suo offset dal primo elemento. Il primo elemento ha un offset di 0 e quindi un indice di 0; un valore di indice di 3 si riferisce al quarto elemento della matrice, tre elementi dal primo. Per fare riferimento a un elemento, inserisci il suo indice tra parentesi quadre dopo il nome dell'array, quindi per impostare il

quarto elemento dell'array temperature su
99.0, dovresti scrivere quanto segue:

```
temperature[3] = 99.0; // Imposta il
quarto elemento dell'array su 99
```

Se un array di 366 elementi illustra bene la
necessità degli array, immagina solo di dover
definire 366 variabili distinte, creare così tanti
elementi sarebbe alquanto macchinoso.
Vediamo quindi un altro array:

```
unsigned int altezze[6]; // Definisce un
array di 6 altezze
```

Come risultato di questa definizione, il
compilatore allocherà sei posizioni di memoria
contigue per memorizzare valori di tipo
`unsigned int`. Ogni elemento nell'array di
altezze contiene un numero diverso. Poiché la
definizione di altezza non specifica alcun
valore iniziale per l'array, i sei elementi
conterranno valori inutili (in modo analogo a

ciò che accade se si definisce una singola variabile di tipo `unsigned int` senza un valore iniziale). È possibile definire l'array con valori iniziali appropriati in questo modo:

```
unsigned int altezze[6] {26, 37, 47, 55,
62, 75}; // Definisce e inizializza un
array di 6 altezze
```

I valori con cui l'array è stato inizializzato potrebbero essere le altezze dei membri di una famiglia, registrate al centimetro più vicino. Ad ogni elemento dell'array verrà assegnato un valore iniziale dalla lista in sequenza, immaginali come dei riquadri. Ciascun riquadro nella figura rappresenta una posizione di memoria contenente un singolo elemento dell'array. Poiché ci sono sei elementi, i valori di indice vanno da 0 per il primo elemento a 5 per l'ultimo elemento.

L'inizializzatore non deve avere più valori di quanti siano gli elementi nell'array; in caso contrario, l'istruzione non verrà compilata. Tuttavia, possono esserci meno valori nell'elenco, nel qual caso gli elementi per i quali non è stato fornito alcun valore iniziale verranno inizializzati con 0 (`false` per un array di elementi `bool`). Ecco un esempio:

```
unsigned int altezze[6] {26, 37, 47}; //
Valori degli elementi: 26 37 47 0 0 0
```

Gli elementi della matrice partecipano alle espressioni aritmetiche come le altre variabili. Potresti sommare i primi tre elementi dell'array in questo modo:

```
unsigned int somma {};
somma = altezze[0] + altezze[1] +
altezze[2];
```

In un'espressione vengono utilizzati riferimenti a singoli elementi dell'array come normali variabili intere. Come hai visto in precedenza, un elemento dell'array può essere a sinistra di un'assegnazione per impostare un nuovo valore, quindi puoi copiare il valore di un elemento in un altro in un'assegnazione, in questo modo:

```
altezze[3] = altezze[2];
```

Tuttavia, non puoi copiare tutto l'elemento valori da un array agli elementi di un altro in un'assegnazione. Puoi operare solo su singoli elementi e per copiare i valori di un array in un altro, è necessario copiare i valori uno alla volta. Quello di cui hai bisogno è un loop ovvero un semplice ciclo.

Capitolo 8: Loop

Un ciclo è un meccanismo che consente di eseguire ripetutamente un'istruzione o un blocco di istruzioni finché non viene soddisfatta una particolare condizione. Due elementi essenziali compongono un ciclo: l'istruzione o il blocco di istruzioni che deve essere eseguito ripetutamente forma il cosiddetto "corpo del ciclo" e una condizione del ciclo che determina quando smettere di ripetere il ciclo. Una singola esecuzione del corpo di un ciclo è chiamata iterazione.

Una condizione di un loop può assumere forme diverse per fornire modi diversi di controllare il loop. Ad esempio, una condizione può fare quanto segue:

- Eseguire un ciclo un dato numero di volte

- Eseguire un ciclo fino a quando un dato valore supera un altro valore
- Eseguire un ciclo fino a quando un particolare carattere non viene inserito dalla tastiera
- Eseguire un ciclo per ciascuno elemento in una raccolta di elementi

Scegli la condizione del ciclo in base alle circostanze. Sono disponibili le seguenti varietà di cicli:

- Il ciclo `for` fornisce principalmente l'esecuzione del ciclo un numero di volte prestabilito, ma oltre a questo vi è una notevole flessibilità.
- Il ciclo `for` basato su intervallo (range-based) esegue un'iterazione per ogni elemento in una raccolta di elementi.

- Il ciclo `while` continua l'esecuzione fino a quando una condizione specificata è vera. La condizione viene verificata all'inizio di un'iterazione, quindi se la condizione inizia come falsa, non vengono eseguite iterazioni del ciclo.

- Il ciclo `do-while` continua ad essere eseguito fintanto che una data condizione è vera. Questo differisce dal ciclo `while` in quanto il ciclo `do-while` controlla la condizione alla fine di un'iterazione. Ciò implica che viene eseguita sempre almeno un'iterazione del ciclo.

for

Il ciclo `for` generalmente esegue un'istruzione o un blocco di istruzioni un numero predeterminato di volte, ma è possibile utilizzarlo anche in altri modi. Si specifica come funziona un ciclo `for` utilizzando tre espressioni separate da punto e virgola, il tutto tra parentesi che seguono la parola chiave `for`. Puoi omettere una o tutte le espressioni che controllano un ciclo `for`, ma devi sempre includere il punto e virgola.

L'espressione di inizializzazione viene valutata solo una volta, all'inizio del ciclo. Successivamente viene verificata la condizione del ciclo e, se è vera, viene eseguita l'istruzione o il blocco di istruzioni del ciclo. Se la condizione è falsa, il ciclo termina e l'esecuzione continua con l'istruzione dopo il ciclo. Dopo ogni esecuzione dell'istruzione o del blocco del ciclo, viene valutata l'espressione di iterazione e viene controllata la condizione per decidere se il ciclo deve continuare.

Nell'uso più tipico del ciclo `for`, la prima espressione inizializza un contatore, la seconda espressione controlla se il contatore ha raggiunto un determinato limite e la terza espressione incrementa il contatore. Ad esempio, potresti copiare gli elementi da un array a un altro in questo modo:

```
double mm_pioggia[12] {1.1, 2.8, 3.4,
3.7, 2.1, 2.3, 1.8, 0.0, 0.3, 0.9, 0.7,
0.5};
double copia[12] {};
for (size_t i {}; i < 12; ++i) // i
varia da 0 a 11
{
  copia[i] = mm_pioggia[i]; // Copia i-
esimo elemento di mm_pioggia nell'i-
esimo elemento di copia
}
```

La prima espressione definisce `i` di tipo `size_t` con un valore iniziale di 0. È possibile ricordare il tipo `size_t` dai valori restituiti dall'operatore `sizeof`. È un tipo intero senza segno che viene generalmente utilizzato, ad esempio, per dimensioni o per il conteggio delle cose. Poiché `i` sarà usato per indicizzare gli array, l'uso di `size_t` ha senso. La seconda espressione, la condizione del ciclo, è vera fintanto che `i` è minore di 12, quindi il ciclo continua finché `i` è minore di 12. Quando i raggiunge 12, l'espressione sarà falsa, quindi il ciclo termina. La terza espressione incrementa `i` alla fine di ogni iterazione del ciclo, quindi il blocco del ciclo che copia l'elemento i-esimo da `mm_pioggia` a `copia` verrà eseguito con valori di `i` compresi tra 0 e 11.

for range-based

Il ciclo `for` basato su intervallo (range-based) esegue l'iterazione su tutti i valori in un intervallo di valori. Ciò pone la domanda immediata: che cos'è un intervallo? Un array è un intervallo di elementi e una stringa è un intervallo di caratteri. Questa è la forma generale del ciclo for basato su intervallo:

```
for([inizializzazione;]
dichiarazione_range:  espressione_range)
istruzione o blocco del ciclo;
```

Le parentesi quadre sono solo di riferimento e indicano che la parte di inizializzazione è facoltativa. La possibilità di aggiungere un'istruzione di inizializzazione ai cicli `for` basati su intervalli è stata aggiunta in C++ 20 ed è opzionale e completamente analoga a quella dei normali cicli `for`. Puoi usarlo per inizializzare una o più variabili che puoi quindi usare nel resto del ciclo for basato su intervallo. L'espressione_range identifica l'intervallo che è l'origine dei dati e dichiarazione_range identifica una variabile a cui verrà assegnato a turno ciascuno dei valori in questo intervallo, con un nuovo valore assegnato a ogni iterazione. Questo sarà molto più chiaro con un esempio, considera queste istruzioni:

```
int valori [] {2, 3, 5, 7, 11, 13, 17,
19, 23, 29};
int totale {};
for (int x : valori)
  totale += x;
```

Alla variabile x verrà assegnato un valore dalla matrice valori ad ogni iterazione. Gli verranno assegnati i valori 2, 3, 5 e così via, in successione. Pertanto, il ciclo accumulerà la somma di tutti gli elementi nella matrice in `totale`. La variabile `x` è locale al ciclo e non esiste al di fuori di esso.

while

Il ciclo `while` utilizza un'espressione logica per controllare l'esecuzione del corpo del ciclo. È possibile utilizzare qualsiasi espressione per controllare il ciclo, purché restituisca un valore di tipo `bool` o possa essere convertito implicitamente in tipo `bool`. Se l'espressione della condizione del ciclo restituisce un valore numerico, ad esempio, il ciclo continua fintanto che il valore è diverso da zero, infatti, un valore pari a zero termina il ciclo.

```
import <iostream>;
import <format>;
int main()
{
 unsigned int limite {};
 std::cout << "Questo programma calcola
n! e la somma degli interi fino a n per
valori da 1 a limite.\n";
 std::cout << "Quale limite superiore
vorresti per n? ";
 std::cin >> limite;
 // Formatto tutte le righe della
tabella
```

```cpp
const auto table_format = "{:>8} {:>8}
{:>20}\n";
// Stampo l'intestazione delle colonne
std::cout << std::format(table_format,
"intero", "somma", "fattoriale");
unsigned int n {};
unsigned int somma {};
unsigned long long fattoriale {1ULL};
while (++n <= limite)
{
  somma += n; // Accumula somma
all'attuale n
  fattoriale *= n; // Calcola n! per
l'attuale n
  std::cout << std::format(table_format,
n, somma, fattoriale);
}
}
```

Le variabili n, somma e fattoriale sono definite prima del ciclo. Qui i tipi di variabili possono essere diversi, quindi n e somma sono definiti come unsigned int. Il valore massimo memorizzabile in fattoriale limita il calcolo, quindi questo rimane di tipo unsigned long long. A causa del modo in cui viene implementato il calcolo, il contatore n viene inizializzato a zero. La condizione del ciclo `while` incrementa `n` e quindi confronta il nuovo valore con `limite`. Il ciclo continua fintanto che la condizione è vera, quindi il ciclo viene eseguito con valori di `n` da 1 fino a `limite`. Quando `n` raggiunge `limite + 1`, il ciclo termina.

do-while

Il ciclo `do-while` è simile al ciclo `while` in quanto il ciclo continua fintanto che la condizione di ciclo specificata rimane vera. L'unica differenza è che la condizione del ciclo viene verificata alla fine del ciclo `do-while`, piuttosto che all'inizio, quindi il corpo del ciclo viene sempre eseguito almeno una volta.

È da notare che il punto e virgola che segue la condizione tra parentesi ed è assolutamente necessario. Se non dovessi rispettare questa regola, il programma non verrà compilato.

Questo tipo di logica è ideale per le situazioni in cui si dispone di un blocco di codice che si desidera eseguire sempre una volta e, eventualmente, si desidera eseguirlo più di una volta. Possiamo dire che non sei convinto di averne bisogno quindi diamo un'occhiata a un altro esempio.

Questo programma calcolerà la media di un numero arbitrario di valori di input, ad esempio le temperature, senza memorizzarli. Non hai modo di sapere in anticipo quanti valori verranno inseriti ma è lecito ritenere che ne avrai sempre almeno uno, perché se non lo avessi, non avrebbe senso eseguire il programma.

Questo lo rende un candidato ideale per un ciclo di do-while. Ecco il codice:

```cpp
int main ()
{
  char risposta {}; // Memorizza la
risposta alla richiesta di input
  int contatore {}; // Conta il numero
di valori di input
  double temperatura {}; // Memorizza un
valore di input
  double totale {}; // Memorizza la
somma di tutti i valori di input
  do
  {
```

```cpp
    std :: cout << "Immettere una
temperatura:"; // Richiedi input
    std :: cin >> temperatura; // Legge
il valore di input
    totale += temperatura; // Somma il
totale dei valori
    ++contatore; // Incrementa il
contatore
    std :: cout << "Vuoi inserirne un
altro? (s / n):";
    std :: cin >> risposta; // Recupera
la risposta
  } while (std::tolower(risposta) ==
's');
  std :: cout << "La temperatura media
è" << totale / contatore << std::endl;
}
```

Questo programma gestisce un numero qualsiasi di valori di input senza la conoscenza preliminare di quanti ne saranno inseriti. Dopo aver definito le quattro variabili richieste per l'input e il calcolo, i valori dei dati vengono letti in un ciclo continuo. Viene letto un valore di input a ogni iterazione del ciclo e la risposta al prompt memorizzato in risposta determina se il ciclo debba terminare. Se la risposta è s o s, il ciclo continua; in caso contrario, il ciclo termina.

L'uso della funzione `std::tolower()` da `<cctype>` garantisce che siano accettate le maiuscole o le minuscole. Un'alternativa all'uso di `tolower()` nella condizione del ciclo è usare un'espressione più complessa per la condizione. Potresti esprimere la condizione come `risposta == 's' || risposta == "S"`. Questo esegue l'OR dei due valori `bool` che risultano dai confronti in modo che immettendo una s maiuscola o minuscola, la condizione risulterà vera.

Verifica le tue competenze

1. Scrivi un programma che calcoli i quadrati degli interi dispari da 1 fino a un limite inserito dall'utente.

2. Scrivi un programma che utilizzi un ciclo `while` per calcolare la somma di un numero arbitrario di numeri interi immessi dall'utente. Dopo ogni iterazione, chiedere all'utente se ha finito di inserire i numeri. Il programma dovrebbe produrre il totale di tutti i valori e la media complessiva come valore in virgola mobile.

3. Crea un programma che utilizzi un ciclo per contare il numero di caratteri (non spazi vuoti) immessi su una riga. Il conteggio dovrebbe terminare quando viene trovato il primo carattere `#`.

PHP

Premessa

Esistono moltissimi tutorial PHP online ma la maggior parte di questi tutorial sono obsoleti e mostrano pratiche obsolete. Sfortunatamente, questi tutorial sono ancora referenziati oggi grazie alla loro immortalità di Google. Le informazioni obsolete sono pericolose per i programmatori PHP inconsapevoli perché creano inconsapevolmente applicazioni PHP lente e insicure.

Ho riconosciuto questo problema diversi anni fa ed è il motivo principale che mi ha spinto a scrivere questo libro. L'idea è quella di fornire ai programmatori PHP un facile accesso alle informazioni con alta qualità e aggiornate continuamente.

Per questi motivi questo libro non è un manuale di riferimento, è una conversazione amichevole e divertente tra te e me.

Ti mostrerò le ultime tecniche PHP che utilizzo ogni giorno al lavoro e qualche progetto utile, vedremo i più recenti standard di codifica in modo da poter condividere le tue componenti e le librerie PHP con l'intera comunità PHP. Mi sentirai parlare di "comunità" diverse volte perché è amichevole, disponibile e accogliente, anche se non senza problemi. Se qualche funzione in questo libro ti incuriosisce, contatta la community PHP e poni delle domande.

Ti garantisco che ci sono sviluppatori PHP pronti ad aiutarti e sperano che anche tu possa diventare un bravo sviluppatore PHP. La comunità è una risorsa inestimabile poiché continua a migliorare le tue abilità PHP anche dopo aver finito questo libro.

Prima di iniziare, voglio porre alcuni obiettivi. Per prima cosa, è impossibile spiegare tutti i modi per utilizzare PHP, non c'è abbastanza tempo e rischierei di perdere la tua attenzione. Invece, ti mostrerò come utilizzo PHP. Sì, questo è un approccio supponente, ma utilizzo le stesse pratiche e standard adottati da molti altri sviluppatori PHP. Ciò che puoi trarre dalla nostra breve conversazione sarà immediatamente applicabile nei tuoi progetti.

Secondo, presumo che tu abbia familiarità con variabili, condizionali, cicli e così via; non devi conoscere PHP ma è raccomandata una comprensione di base di questi concetti fondamentali di programmazione.

Terzo, non presumo che tu stia utilizzando un sistema operativo specifico, tuttavia, i miei esempi di codice sono scritti per Linux. I comandi Bash sono forniti per Ubuntu e CentOS ma possono funzionare anche su OS

X. Qualora tu usassi Windows, ti consiglio vivamente di avviare una macchina virtuale Linux in modo da poter eseguire il codice di esempio in questo libro. In alternativa, dovrai modificare opportunamente il codice ed eventualmente cambiare qualche comando.

Capitolo 1: Cosa cambia?

Il linguaggio PHP sta vivendo una rinascita. PHP si sta trasformando in un moderno linguaggio di scripting con funzioni utili come namespace, chiusure e una cache del codice operativo integrata. Anche il moderno ecosistema PHP si sta evolvendo tanto che gli sviluppatori PHP si affidano meno a framework monolitici e sempre di più a componenti specializzate e più piccole.

Il gestore delle dipendenze Composer sta rivoluzionando il modo in cui costruiamo applicazioni PHP; ci emancipa dal giardino recintato di un framework e ci consente di mescolare e abbinare componenti PHP interoperabili più adatte per le nostre applicazioni PHP personalizzate.

L'interoperabilità dei componenti non sarebbe possibile senza gli standard comunitari proposti e curati dal PHP Framework Interop Group. Questo libro è la tua guida al nuovo PHP e ti mostrerà come creare e distribuire incredibili applicazioni PHP utilizzando standard della comunità, buone pratiche (le cosiddette good-practice) e componenti interoperabili.

Prima di esplorare il PHP attuale, è importante capire l'origine di PHP, infatti, nasce come linguaggio di scripting lato server interpretato. Ciò significa che quando scrivi codice PHP, lo carichi su un server web e lo esegui con un interprete. PHP viene tipicamente utilizzato con un server web come Apache o nginx per servire contenuti dinamici. Tuttavia, può essere utilizzato anche per creare potenti applicazioni da riga di comando (proprio come bash, Ruby, Python e così via).

Molti sviluppatori PHP non se ne rendono conto e perdono una funzionalità davvero entusiasmante. Non ripeterò ciò che è già stato detto così bene da Rasmus Lerdorf (il creatore di PHP) ma bisogna sapere che PHP ha un passato tumultuoso.

PHP ha avuto inizio come una raccolta di script CGI scritti da Rasmus Lerdorf per tenere traccia delle visite al suo curriculum online. Lerdorf ha chiamato il suo set di script CGI "Personal Home Page Tools". Questa prima incarnazione era completamente diversa dal PHP che conosciamo oggi. I primi strumenti di Lerdorf non erano un vero e proprio linguaggio di scripting; fornivano variabili rudimentali e interpretazione automatica delle variabili del modulo utilizzando una sintassi HTML integrata.

Tra il 1994 e il 1998, PHP ha subito numerose revisioni ed è stato in parte riscritto.

Andi Gutmans e Zeev Suraski, due sviluppatori di Tel Aviv, hanno unito le loro forze con Rasmus Lerdorf per trasformare PHP da una piccola raccolta di strumenti CGI in un vero e proprio linguaggio di programmazione con una sintassi più coerente e supporto di base per la programmazione orientata agli oggetti. Hanno chiamato il loro prodotto finale PHP 3 e lo hanno rilasciato alla fine del 1998.

PHP 3 è stata la prima versione che più somigliava al PHP che conosciamo oggi. Forniva un'estensibilità maggiore a vari database, protocolli e API tanto che questa sua caratteristica ha attirato molti nuovi sviluppatori nel progetto. Alla fine del 1998, PHP 3 era già installato sul 10% dei server web del mondo.

Oggi, il linguaggio PHP è in rapida evoluzione ed è supportato da dozzine di sviluppatori di team in tutto il mondo ma anche le metodologie di sviluppo sono cambiate.

In passato, era pratica comune scrivere un file PHP, caricarlo su un server di produzione con FTP e sperare che funzionasse. Questa è una pessima strategia di sviluppo ma era necessaria a causa della mancanza di ambienti di sviluppo locale. Al giorno d'oggi, evitiamo FTP e usiamo invece il controllo di versione. Software come Git aiutano a mantenere una cronologia del codice verificabile che può essere ramificata, biforcata ed unita.

Gli ambienti di sviluppo locale sono identici ai server di produzione grazie a strumenti di virtualizzazione come Vagrant e strumenti di provisioning come Ansible, Chef e Puppet. Possiamo sfruttare componenti PHP specializzati con il gestore delle dipendenze Composer. Il nostro codice PHP aderisce ai

PSR, standard della comunità gestiti da PHP Framework Interop Group. Testiamo accuratamente il nostro codice con strumenti come PHPUnit. Distribuiamo le nostre applicazioni con il gestore di processi FastCGI di PHP dietro un server web come nginx e aumentiamo le prestazioni dell'applicazione con una cache del codice operativo.

In sostanza oggi PHP comprende molte nuove pratiche che potrebbero non essere familiari a coloro che non conoscono PHP o a coloro che usano versioni precedenti di PHP. Non sentirti scoraggiato, vedremo ogni concetto più avanti in questo libro.

Il motore PHP originale è Zend Engine, si tratta di un interprete PHP scritto in C e introdotto in PHP 4. Oggi Zend Engine è il principale contributo dell'azienda Zend alla comunità PHP ma ora esiste un secondo motore PHP principale: la macchina virtuale

HipHop di Facebook. Una specifica del linguaggio garantisce che entrambi i motori mantengano una compatibilità di base.

Quindi cosa ci aspetta in qualità di sviluppatore PHP? Sarà ancora supportato come linguaggio?

Zend Engine sta migliorando rapidamente con nuove funzionalità e prestazioni migliorate. Attribuisco i miglioramenti di Zend Engine alla sua nuova concorrenza, in particolare alla macchina virtuale HipHop di Facebook e al linguaggio di programmazione Hack.

Hack è un nuovo linguaggio di programmazione basato su PHP ed introduce la tipizzazione statica, nuove strutture di dati e interfacce aggiuntive pur mantenendo la compatibilità con le versioni precedenti del codice PHP di tipo dinamico esistente. Hack è rivolto agli sviluppatori che apprezzano le caratteristiche di sviluppo rapido di PHP ma necessitano della prevedibilità e della stabilità della digitazione statica.

La macchina virtuale HipHop (HHVM) è un interprete PHP e Hack che utilizza un compilatore just in time (JIT) per migliorare le prestazioni dell'applicazione e ridurre l'utilizzo di memoria.

Non prevedo che Hack e HHVM sostituiranno Zend Engine ma i nuovi contributi di Facebook stanno creando un enorme successo nella comunità PHP. La crescente concorrenza ha spinto il team di Zend Engine ad annunciare nuove versioni di PHP, uno Zend Engine ottimizzato che si dice sia alla pari con HHVM.

È un momento entusiasmante per un programmatore PHP, infatti, la comunità PHP non è mai stata così energica, divertente e innovativa.

Spero che questo libro ti aiuti ad abbracciare fermamente le ultime novità di PHP. Ci sono un sacco di nuove cose da imparare e molte altre sono all'orizzonte. Adesso cominciamo.

Capitolo 2: Namespace

PHP ha molte nuove interessanti funzionalità e molte di queste saranno nuove di zecca per i programmatori PHP che eseguono l'aggiornamento da versioni precedenti, così come saranno una bella sorpresa per i programmatori che migrano a PHP da un altro linguaggio.

Queste nuove funzionalità rendono il linguaggio PHP una piattaforma potente e forniscono una piacevole esperienza per la creazione di applicazioni web e strumenti da riga di comando. Alcune di queste funzionalità non sono essenziali, ma rendono comunque la nostra vita più facile. Alcune funzionalità, tuttavia, sono essenziali.

Gli spazi dei nomi (namespace), ad esempio, sono fondamentali nello standard PHP e consentono pratiche di sviluppo che i moderni sviluppatori PHP danno per scontate (ad esempio, il caricamento automatico). Presenterò ogni nuova funzionalità, spiegherò perché è utile e ti mostrerò come implementarla nei tuoi progetti.

Introdotti in PHP 5.3.0, i namespace sono uno strumento importante che organizza il codice PHP in una gerarchia virtuale, paragonabile alla struttura delle directory del filesystem del tuo sistema operativo. Ogni moderno componente e framework PHP organizza il proprio codice sotto il proprio spazio dei nomi univoco a livello globale in modo che non sia in conflitto con altri fornitori, o rivendichi, nomi di classi comuni utilizzati da altri fornitori.

Symfony è una popolare componente PHP che gestisce le richieste e le risposte HTTP. Ancora più importante, il componente symfony / httpfoundation usa nomi di classi

PHP molto comuni come Request, Response e Cookie, ti garantisco che ci sono molti altri componenti PHP che usano questi stessi nomi di classe.

Come possiamo usare il componente PHP symfony / httpfoundation se altro codice PHP usa gli stessi nomi di classe? Possiamo usare in sicurezza il componente symfony / httpfoundation proprio perché il suo codice è un sandbox sotto lo spazio dei nomi unico del fornitore di Symfony.

```php
<?php
namespace
Symfony\Component\HttpFoundation;

class_exists(ResponseHeaderBag::class);

class Response
{
    public const HTTP_CONTINUE = 100;
    public const
HTTP_SWITCHING_PROTOCOLS = 101;
    public const HTTP_PROCESSING = 102;
    public const HTTP_EARLY_HINTS = 103;
    public const HTTP_OK = 200;
    public const HTTP_CREATED = 201;
    public const HTTP_ACCEPTED = 202;
```

```
. . .
?>
```

Questa è una dichiarazione dello spazio dei nomi PHP e appare sempre su una nuova riga immediatamente dopo il tag di apertura `<?php`. Questa particolare dichiarazione dello spazio dei nomi ci dice diverse cose.

Innanzitutto, sappiamo che la classe `Response` risiede sotto lo spazio dei nomi del fornitore di Symfony (lo spazio dei nomi del fornitore è lo spazio dei nomi più in alto), così come sappiamo che la classe `Response` risiede sotto il sottospazio dei nomi Component.

Sappiamo anche che la classe `Response` risiede sotto un altro sottospazio denominato `HttpFoundation`. Puoi visualizzare altri file adiacenti a `Response.php` e vedrai che usano la stessa dichiarazione dello spazio dei nomi.

Uno spazio dei nomi incapsula e organizza le classi PHP correlate, proprio come una directory del file system contiene i file correlati. A differenza del filesystem fisico del tuo sistema operativo, gli spazi dei nomi PHP sono un concetto virtuale e non necessariamente mappano 1:1 con le directory del filesystem.

La maggior parte dei componenti PHP, infatti, mappano i sottospazi dei nomi alle directory del filesystem per compatibilità con il popolare standard del caricatore automatico PSR-4 (di cui parleremo in seguito). Gli spazi dei nomi sono importanti perché ci consentono di creare codice in modalità sandbox che funziona insieme al codice di altri sviluppatori.

Questo è il concetto cardine del moderno ecosistema di componenti PHP. Gli autori di componenti, così come di framework, creano e distribuiscono codice per un gran numero di sviluppatori PHP e non hanno modo di sapere o controllare quali classi, interfacce, funzioni e costanti vengono utilizzate insieme al proprio codice. Questo problema si applica anche ai tuoi progetti interni.

Se scrivi componenti o classi PHP personalizzate per un progetto, quel codice deve funzionare insieme alle dipendenze di terze parti del tuo progetto. Come accennato in precedenza con il componente symfony / httpfoundation, il tuo codice e il codice di altri sviluppatori potrebbero usare gli stessi nomi di classe, interfaccia, funzione o costante.

Senza spazi dei nomi, si potrebbe generare una collisione che causa il fallimento di PHP. Con gli spazi dei nomi, il tuo codice e quello di altri sviluppatori possono utilizzare la stessa classe, interfaccia, funzione o nome costante, supponendo che il codice risieda sotto uno spazio dei nomi univoco del fornitore.

Se stai costruendo un piccolo progetto personale con solo poche dipendenze, le collisioni tra i nomi delle classi probabilmente non saranno un problema ma quando lavori in un team che costruisce un grande progetto con numerose dipendenze di terze parti, le collisioni di nomi diventano una vera preoccupazione.

Non puoi controllare quali classi, interfacce, funzioni e costanti vengono introdotte nello spazio dei nomi globale dalle dipendenze del tuo progetto. Questo è il motivo per cui i namespace nel codice sono molto importanti.

Dichiarazione

Ogni classe, interfaccia, funzione e costante PHP risiede sotto uno spazio dei nomi (o sottospazio dei nomi). Gli spazi dei nomi vengono dichiarati all'inizio di un file PHP su una nuova riga immediatamente dopo il tag di apertura `<?php`.

La dichiarazione dello spazio dei nomi inizia con la parola chiave `namespace`, quindi uno spazio, quindi il nome dello spazio dei nomi e infine un punto e virgola per la fine dell'istruzione. Ricorda che gli spazi dei nomi vengono spesso utilizzati per stabilire il nome di un fornitore di primo livello.

Questa dichiarazione di spazio dei nomi di esempio stabilisce il nome del fornitore di Pippo:

```
<?php
```

```
namespace Pippo;
?>
```

Tutte le classi, le interfacce, le funzioni o le costanti PHP dichiarate sotto questa dichiarazione dello spazio dei nomi risiedono nello spazio dei nomi Pippo. E se volessimo organizzare il codice relativo a questo libro? Usiamo uno spazio dei nomi secondari.

Gli spazi dei nomi secondari vengono dichiarati esattamente come nell'esempio precedente. L'unica differenza è che separiamo i nomi dello spazio dei nomi e dei sottospazi con il carattere barra (\). L'esempio seguente dichiara un sottospazio dei nomi denominato MioPHP che risiede sotto lo spazio dei nomi del fornitore Pippo che si trova più in alto:

```
<?php
namespace Pippo\MioPHP;
?>
```

Tutte le classi, le interfacce, le funzioni e le costanti dichiarate sotto questa dichiarazione dello spazio dei nomi risiedono nel sottospazio dei nomi `Pippo\MioPHP` e sono, in qualche modo, correlate a questo libro.

Non è necessario dichiarare tutte le classi nello stesso spazio dei nomi o sottospazio nello stesso file PHP. Puoi specificare uno spazio dei nomi o uno spazio dei nomi secondario all'inizio di qualsiasi file PHP e il codice di quel file diventa parte di quello spazio dei nomi o spazio dei nomi secondario.

Ciò rende possibile scrivere più classi in file separati che appartengono a uno spazio dei nomi comune. Prima dei namespace, gli sviluppatori PHP risolvevano il problema della collisione dei nomi con i nomi delle classi in stile Zend. Questo era uno schema di denominazione delle classi reso popolare da Zend Framework in cui i nomi delle classi PHP utilizzavano trattini bassi al posto dei separatori di directory del file system.

Questa convenzione assicurava che i nomi delle classi fossero univoci e abilitava il caricatore automatico a sostituire i trattini bassi nei nomi delle classi PHP con separatori di directory del file system per determinare il percorso del file della classe. Ad esempio, la classe PHP:

```
Zend_Cloud_DocumentService_Adapter_Windo
wsAzure_Query
```

corrisponde al file PHP

```
Zend/Cloud/DocumentService/Adapter/Windo
wsAzure/Query.php
```

Un effetto collaterale della convenzione di denominazione in stile Zend, come puoi vedere, sono i nomi delle classi assurdamente lunghi. Chiamami pure pigro ma non è possibile che digitare questo nome della classe più di una volta. I moderni namespace PHP presentano un problema simile.

Ad esempio, il nome completo della classe Response nel componente symfony\httpfoundation è `\Symfony\Component\HttpFoundation\Response`.

Fortunatamente, PHP ci consente di importare e alias codice con spazio dei nomi. Per importazione, intendo dire a PHP quali spazi dei nomi, classi, interfacce, funzioni e costanti userò in ogni file PHP. Posso quindi usarli senza digitare i loro spazi dei nomi completi.

Con un alias, intendo dire a PHP che farò riferimento a una classe, interfaccia, funzione o costante importata con un nome più breve.

Il codice mostrato nell'esempio crea e invia una risposta HTTP 400 Bad Request senza importazione e alias.

```php
<?php
$response = new
\Symfony\Component\HttpFoundation\Respon
se('Errore', 400);
$response->send();
?>
```

Non è terribile, ma immagina di dover creare un'istanza di Response più volte in un singolo file PHP, ben presto ti annoieresti. Ora guarda l'esempio seguente, fa la stessa cosa con l'importazione.

```php
<?php
use
Symfony\Component\HttpFoundation\Respons
e;
$response = new Response('Errore', 400);
$response->send();
?>
```

Stiamo dicendo a PHP che intendiamo usare la classe

```
Symfony\Component\HttpFoundation\Respons
e
```

con la parola chiave `use`.

Digitiamo solo una volta il nome della classe lungo e completo quindi possiamo istanziare la classe `Response` senza utilizzare il suo nome di classe in modalità estesa. Interessante vero? Certi giorni mi sento davvero pigro e uso gli alias. Invece di digitare `Response`, forse voglio semplicemente digitare `Res`. Ecco come posso farlo:

```php
<?php
use
Symfony\Component\HttpFoundation\Respons
e as Res;
$r = new Res('Errore', 400);
$r->send();
?>
```

In questo esempio, ho modificato la riga di importazione per importare la classe `Response` e ho anche aggiunto come `Res` alla fine della riga di importazione; questo dice a PHP di considerare Res un alias per la classe Response.

Se non avessi aggiunto l'alias as Res alla riga di importazione, PHP avrebbe assunto un alias predefinito che è lo stesso del nome della classe importata.

A partire da PHP 5.6, è possibile importare funzioni e costanti e ciò richiede una modifica alla sintassi della parola chiave use. Per importare una funzione:

```php
<?php
use func Namespace\nomeFunzione;
nomeFunzione();
?>
```

Per importare una costante:

```php
<?php
use constant Namespace\NOME_CONST;
echo NOME_CONST;
?>
```

Gli alias di funzioni e costanti funzionano allo stesso modo delle classi.

Se importi più classi, interfacce, funzioni o costanti in un singolo file PHP, ti ritroverai con più istruzioni `use` all'inizio del file PHP. PHP accetta una sintassi di importazione abbreviata che combina più istruzioni `use` su una singola riga come questa:

```php
<?php
use
Symfony\Component\HttpFoundation\Request,

Symfony\Component\HttpFoundation\Response;
?>
```

Non seguire questo approccio perché è confuso e facile da sbagliare. Ti consiglio di mantenere ogni istruzione `use` su una riga in questo modo:

```php
<?php
use
Symfony\Component\HttpFoundation\Request;
use
Symfony\Component\HttpFoundation\Response;
```

?>

Capitolo 3: Interfacce

Imparare a programmare su un'interfaccia ha cambiato la mia vita come programmatore PHP e ha migliorato profondamente la mia capacità di integrare componenti PHP di terze parti nelle mie applicazioni. Le interfacce non sono una nuova funzionalità ma sono una caratteristica importante che dovresti conoscere e utilizzare quotidianamente. Allora, cos'è un'interfaccia PHP?

Un'interfaccia è un contratto tra due oggetti PHP che consente a un oggetto di dipendere non da ciò che è un altro oggetto ma da ciò che un altro oggetto può fare. Un'interfaccia separa il nostro codice dalle sue dipendenze, in sostanza, consente al nostro codice di dipendere da qualsiasi codice di terze parti che implementa l'interfaccia prevista.

Non ci interessa come il codice di terze parti implementi l'interfaccia; ci interessa solo che il codice di terze parti implementi l'interfaccia.

Ecco un esempio più concreto. Facciamo finta di essere appena arrivato a Miami, in Florida, per una conferenza. Ho bisogno di un modo per spostarmi in città quindi mi dirigo direttamente al punto di noleggio auto locale. Hanno una Hyundai, una Subaru wagon e (con mia grande sorpresa) una Bugatti Veyron. So di aver bisogno di un modo per spostarmi in città e tutti e tre i veicoli possono aiutarmi a farlo ma ogni veicolo lo fa in modo diverso. La Hyundai Accent va bene, ma mi piacerebbe qualcosa con un po' più di grinta. Non ho accompagnatori quindi la Subaru wagon ha più posti a sedere e spazio del necessario. Prendo la Bugatti, per favore.

La realtà è che posso guidare una qualsiasi di queste tre auto perché condividono tutte un'interfaccia comune e prevista. Ogni macchina ha un volante, un pedale dell'acceleratore, un pedale del freno, indicatori di direzione e ciascuna utilizza la benzina come carburante. La Bugatti è probabilmente più potente di quanto io possa gestire ma l'interfaccia di guida è la stessa della Hyundai. Tutte e tre le auto condividono la stessa interfaccia prevista e ho l'opportunità di scegliere il mio veicolo preferito (se siamo onesti, probabilmente andrei con la Hyundai).

Questo è esattamente lo stesso concetto in PHP orientato agli oggetti. Se scrivo codice che si aspetta un oggetto di una classe specifica (e quindi un'implementazione specifica), l'utilità del mio codice è intrinsecamente limitata perché può utilizzare solo oggetti di quella classe, per sempre.

Tuttavia, se scrivo codice che prevede un'interfaccia, il mio codice sa immediatamente come utilizzare qualsiasi oggetto che implementa quell'interfaccia. Al mio codice non interessa come viene implementata l'interfaccia; il mio codice si preoccupa solo che l'interfaccia sia implementata ma facciamo un esempio.

Come usarle

Ho un'ipotetica classe PHP chiamata DocumentStore che raccoglie testo da fonti diverse: recupera HTML da alcuni URL; legge le risorse da un flusso e raccoglie l'output dei comandi da terminale. Ogni documento archiviato in un'istanza di DocumentStore ha un ID univoco:

```php
<?php
class DocumentStore
{
 protected $dati = [];
 public function
aggiungiDocumento(Documentable
$documento)
  {
   $chiave = $documento->getId();
   $valore = $documento->getContenuto();
   $this->dati[$chiave] = $valore;
  }
 public function recuperaDocumenti()
  {
   return $this->dati;
  }
}
?>
```

Come funziona esattamente se il metodo `aggiungiDocumento()` accetta solo istanze della classe `Documentable`? Questa è una buona osservazione. Tuttavia, `Documentable` non è una classe. È un'interfaccia e ha questo aspetto:

```php
<?php
interface Documentable
{
 public function getId();
 public function getContenuto();
}
?>
```

Questa definizione di interfaccia dice che qualsiasi oggetto che implementa l'interfaccia `Documentable` deve fornire un metodo `getId()` pubblico e un metodo `getContenuto()` pubblico. Quindi in che modo è utile esattamente? È utile perché possiamo creare classi separate per il recupero dei documenti con implementazioni completamente diverse.

La codifica di un'interfaccia crea codice più flessibile che delega ad altri le preoccupazioni dell'implementazione. Molte più persone possono scrivere codice che funziona perfettamente con il tuo codice non conoscendo nient'altro che un'interfaccia.

Verifica la tua preparazione

1. Crea la classe denominata DocumentoHTML in modo che rispetti l'interfaccia creata. Tale classe dovrà recuperare il codice HTML di un URL passato al costruttore.

2. Crea la classe denominata DocumentoStream in modo che rispetti l'interfaccia creata. Tale classe dovrà recuperare il testo presente in un file con estensione `.txt`.

Capitolo 4: Traits

Molti dei miei amici sviluppatori PHP sono confusi dai traits, un nuovo concetto introdotto in PHP 5.4.0. Si comportano come classi ma sembrano interfacce quindi cosa sono? Nessuno dei due.

Un trait è un'implementazione di una classe parziale (cioè costanti, proprietà e metodi) che può essere combinata in una o più classi PHP esistenti.

I traits hanno una doppia funzione: dicono cosa può fare una classe (come un'interfaccia) e, inoltre, forniscono un'implementazione modulare (come una classe).

Potresti avere familiarità con i traits in altri linguaggi, ad esempio, i traits PHP sono simili ai moduli componibili di Ruby o ai mixins.

Perché usarli?

Il linguaggio PHP utilizza un modello di ereditarietà classico e ciò significa che si inizia con una singola classe e che fornisce un'implementazione di base. Estendi la classe base per creare classi più specializzate che ereditano l'implementazione dal genitore. Questa è chiamata gerarchia di ereditarietà ed è un modello comune utilizzato da molti linguaggi di programmazione.

Il modello di ereditarietà classico funziona abbastanza bene, tuttavia, cosa fare se due classi PHP non correlate devono mostrare un comportamento simile? Ad esempio, la classe PHP `Rivenditore` e un'altra classe PHP `Auto` sono classi molto diverse e non condividono un genitore comune nelle loro gerarchie di ereditarietà.

Tuttavia, entrambe le classi dovrebbero essere rintracciabili tramite le coordinate di latitudine e longitudine per la visualizzazione su una mappa. I traits sono stati creati esattamente per questo scopo.

Consentono implementazioni modulari che possono essere iniettate in classi altrimenti non correlate. In questo modo si incoraggia anche il riutilizzo del codice ma al primo tentativo si cerca di creare una classe genitore comune `Geolocalizzazione` che sarà estesa sia da `Rivenditore` che da `Auto`. Questa è una cattiva soluzione perché costringe due classi altrimenti non correlate a condividere un antenato comune che non appartiene naturalmente a nessuna delle gerarchie di ereditarietà.

Un'altra implementazione consiste nel creare un'interfaccia `Geolocalizzazione` che definisca i metodi necessari per implementare il comportamento di localizzazione. Le classi `Rivenditore` e `Auto` possono entrambe implementare l'interfaccia `Geolocalizzazione`. Questa è una buona soluzione che consente a ciascuna classe di mantenere la propria gerarchia di ereditarietà naturale ma richiede di duplicare lo stesso comportamento in entrambe le classi.

Questa non è una soluzione DRY, ricorda che DRY è l'acronimo di Do not Repeat Yourself (non ripetere te stesso). È considerata una buona pratica evitare la duplicazione dello stesso codice in più posizioni. Rispettando questo principio è possibile modificare il codice solo in un punto, ritrovando le modifiche ovunque.

La migliore implementazione consiste nel creare un trait `Geolocalizzazione` che definisca e implementi i metodi necessari. Posso quindi mescolare il trait

`Geolocalizzazione` in entrambe le classi `Rivenditore` e `Auto` senza "inquinare" le loro gerarchie di ereditarietà naturale.

Ecco come definire un trait PHP:

```php
<?php
trait Geolocalizzazione  {
 protected $indirizzo;
 protected $geocoder;
 protected $risultato;

 public function
setGeocoder(\Geocoder\GeocoderInterface
$geocoder)
 {
   $this->geocoder = $geocoder;
 }

 public function
setIndirizzo($indirizzo)
 {
   $this->indirizzo = $indirizzo;
 }

 public function getLatitudine(){
   if (isset($this->risultato) === false)
{
     $this->geocodeIndirizzo();
   }
 return $this->risultato-
>getLatitudine();
 }
```

```php
public function getLongitudine()
  {
  if (isset($this->risultato) === false)
{
    $this->geocodeIndirizzo();
  }
  return $this->risultato-
>getLongitudine();
  }

  protected function geocodeIndirizzo()
  {
  $this->risultato = $this->geocoder-
>geocode($this->indirizzo);
    return true;
  }
}
?>
```

Il trait definisce solo le proprietà e i metodi necessari per implementare il comportamento, non fa nient'altro. Il nostro trait Geolocalizzazione definisce tre proprietà di classe: un indirizzo (stringa), un oggetto geocoder (un'istanza di \Geocoder\Geocoder dall'eccellente componente willdurand/geocoder di William Durand) e un oggetto risultato (un'istanza di \Geocoder\Risultato\Geocoded).

Abbiamo definito anche quattro metodi pubblici e un metodo `protected`. Il metodo `setGeocoder()` viene utilizzato per iniettare l'oggetto `Geocoder`. Il metodo `setIndirizzo()` viene utilizzato per impostare un indirizzo mentre `getLatitudine()` e `getLongitudine()` restituiscono le rispettive coordinate. Il metodo `geocodeIndirizzo()` passa la stringa dell'indirizzo nell'istanza `Geocoder` per recuperare il risultato del `geocoder`.

Come usarli

Usare un trait in PHP è facile, basta aggiungere la parola chiave use seguita dal nome del trait; all'interno di una definizione di classe PHP. Torniamo al nostro esempio, abbiamo definito il trait Geolocalizzazione. Aggiorniamo la nostra classe Rivenditore in modo che utilizzi il trait Geolocalizzazione. Per motivi di brevità, non fornisco l'implementazione completa della classe Rivenditore:

```php
<?php
class Rivenditore
{
 use Geolocalizzazione;
 // Implementazione della classe
}

?>
```

Questo è tutto ciò che dobbiamo fare. Ora ogni istanza di `Rivenditore` può utilizzare le proprietà e i metodi forniti da `Geolocalizzazione`, come mostrato:

```php
<?php
$geocoderAdapter = new
\Geocoder\HttpAdapter\CurlHttpAdapter();
$geocoderProvider = new
\Geocoder\Provider\GoogleMapsProvider($g
eocoderAdapter);
$geocoder = new
\Geocoder\Geocoder($geocoderProvider);
$store = new Rivenditore();
$store->setIndirizzo('Via Pippo, 12 Roma
(RM)');
$store->setGeocoder($geocoder);
$latitudine = $store->getLatitudine();
$longitudine = $store->getLongitudine();
echo $latitudine, ':', $longitudine;

?>
```

Capitolo 5: Generatori

I generatori PHP sono una funzionalità sottoutilizzata ma straordinariamente utile ed introdotta in PHP 5.5.0. Penso che molti sviluppatori PHP non siano a conoscenza dei generatori perché il loro scopo non è immediatamente chiaro.

I generatori sono semplici iteratori, questo è tutto ma a differenza del tuo iteratore PHP standard, i generatori PHP non richiedono l'implementazione dell'interfaccia Iterator in una classe. Invece, i generatori calcolano e producono valori di iterazione su richiesta. Ciò ha profonde implicazioni per le prestazioni delle applicazioni.

Un iteratore PHP standard spesso itera su insiemi di dati precompilati in memoria. Questo è inefficiente, specialmente con set di dati grandi e formali che possono essere calcolati. Questo è il motivo per cui utilizziamo i generatori per calcolare e produrre valori al volo senza utilizzare risorse preziose.

I generatori PHP non sono una panacea per le tue esigenze di iterazione. Poiché i generatori non conoscono mai il valore dell'iterazione successiva fino a quando non viene richiesta, è impossibile mandare indietro o far avanzare rapidamente un generatore. Puoi iterare in una sola direzione cioè in avanti. Inoltre, non puoi iterare lo stesso generatore più di una volta, tuttavia, sei libero di ricostruire o clonare un generatore, se necessario.

I generatori sono facili da creare perché sono solo funzioni PHP che utilizzano la parola chiave `yield` una o più volte. A differenza delle normali funzioni PHP, i generatori non restituiscono mai un valore:

```php
<?php
function mioGeneratore() {
 yield 'valore1';
 yield 'valore2';
 yield 'valore3';
}

?>
```

Abbastanza semplice, vero? Quando si richiama la funzione del generatore, PHP restituisce un oggetto che appartiene alla classe Generator e questo oggetto può essere iterato con la funzione foreach(). Durante ogni iterazione, PHP chiede all'istanza di Generator di calcolare e fornire il valore di iterazione successivo.

Ciò che è chiaro è che il generatore mette in pausa il suo stato interno ogni volta che fornisce un valore e riprende lo stato interno quando viene richiesto il valore successivo. Il generatore continua a fermarsi e riprendere fino a quando non raggiunge la fine della sua definizione di funzione o incontra un'istruzione come `return;`.

Per invocare un generatore è sufficiente invocare:

```php
<?php
foreach (mioGeneratore() as $valore) {
 echo $valore, PHP_EOL;
}
?>
```

Ovviamente questo restituirà:

```
valore1
valore2
valore3
```

Facciamo un esempio più concreto:

```php
<?php
function creaRange($dimensione) {
 $dataset = [];
 for ($i = 0; $i < $dimensione; $i++) {
  $dataset[] = $i;
 }
 return $dataset;
}

$mioRange = creaRange(1000000);
```

```php
foreach ($mioRange as $i) {
 echo $i, PHP_EOL;
}

?>
```

Questo esempio fa un cattivo uso della memoria perché il metodo `creaRange()` alloca un milione di interi in una matrice precalcolata. Un generatore PHP può fare la stessa cosa mentre alloca memoria per un solo intero alla volta, come segue:

```php
<?php
function creaRange($dimensione) {
 for ($i = 0; $i < $dimensione; $i++) {
  yield $i;
 }
}

foreach (creaRange(1000000) as $i) {
 echo $i, PHP_EOL;
}

?>
```

Questo è un esempio creato ad hoc, tuttavia, immagina solo tutti i potenziali insiemi di dati che puoi calcolare. Le sequenze numeriche (ad esempio Fibonacci) sono ottimi candidati.

Verifica le tue competenze

1. Trova i numeri primi da 1 a 100000 attraverso iteratori e generatori; verifica in quanto tempo viene terminato ogni task con i due metodi.

2. Crea un file CSV in PHP con almeno 10 colonne e 50000 righe. Leggi questo file CSV con l'uso di un generatore, riga per riga.

Capitolo 6: Chiusure

Le chiusure e le funzioni anonime sono state introdotte in PHP 5.3.0 e sono due delle mie funzionalità PHP preferite e tra le più utilizzate. Sembrano spaventose (almeno questo pensavo quando le ho viste per la prima volta) ma in realtà sono piuttosto semplici da capire. Sono strumenti estremamente utili che ogni sviluppatore PHP dovrebbe avere nella cassetta degli attrezzi.

Una chiusura è una funzione che incapsula lo stato circostante nel momento in cui viene creata. Lo stato incapsulato continua ad esistere all'interno della chiusura quando la chiusura "vive", anche dopo che il suo ambiente originale termina. Questo è un concetto difficile da comprendere ma una volta provato sarà tutto più semplice.

Una funzione anonima è esattamente questo: una funzione senza nome. Le funzioni anonime possono essere assegnate alle variabili e passate proprio come qualsiasi altro oggetto PHP. Ma è ancora una funzione, quindi puoi invocarla e passargli argomenti. Le funzioni anonime sono particolarmente utili come callback di funzioni o metodi.

Le chiusure e le funzioni anonime sono, in teoria, cose separate, tuttavia, PHP li considera la stessa cosa. A questo punto quando dico chiusura, intendo anche funzione anonima e viceversa. Le chiusure PHP e le funzioni anonime utilizzano la stessa sintassi di una funzione ma non lasciarti ingannare perché in realtà sono oggetti camuffati da funzioni PHP.

Se controlli una chiusura PHP o una funzione anonima, scoprirai che sono istanze della classe Closure. Le chiusure sono considerate tipi di valore di prima classe, proprio come una stringa o un numero intero quindi sappiamo che le chiusure PHP sembrano funzioni. Non dovresti essere sorpreso, quindi, nel creare una chiusura PHP come segue:

```php
<?php
$closure = function ($nome) {
  return sprintf('Ciao %s', $nome);
};

echo $closure("Antonio");
// Restituisce --> "Ciao Antonio"
?>
```

Come puoi vedere ho creato un oggetto di chiusura e l'ho assegnato alla variabile `$closure`. Sembra una funzione PHP standard: usa la stessa sintassi, accetta argomenti e restituisce un valore, tuttavia, non ha un nome.

Possiamo invocare la variabile `$closure` perché il valore della variabile è una chiusura e gli oggetti chiusura implementano il metodo

`\__invoke()`. PHP cerca e chiama questo metodo ogni volta che incontra una coppia di parentesi tonde ben formate `()` dopo il nome di una variabile.

In genere uso oggetti di chiusura PHP come callback di funzioni e metodi e molte funzioni PHP si aspettano funzioni di callback, come `array_map()` e `preg_replace_callback()`. Questa è un'opportunità perfetta per utilizzare le funzioni anonime di PHP!

Ricorda, le chiusure possono essere passate ad altre funzioni PHP come argomenti, proprio come qualsiasi altro valore. Vediamo come si usa un oggetto di chiusura come argomento di callback nella funzione `array_map()`:

```php
<?php
$aggiungiUno = array_map(function
($numero) {
  return $numero + 1;
}, [1,2,3]);

print_r($aggiungiUno);
```

```
// Restituisce --> [2,3,4]
?>
```

Confronto di stile

OK, questo esempio non è stato così impressionante, ma ricorda, prima della chiusura gli sviluppatori PHP non avevano altra scelta che creare una funzione denominata a parte e fare riferimento a quella funzione usando il nome. Questa operazione era un po' più lenta da eseguire e separava l'implementazione di una callback dal suo utilizzo. Gli sviluppatori PHP di vecchia generazione usavano codice come questo:

```php
<?php
// Implementazione di una callback
function aggiungiUno ($numero) {
 return $numero + 1;
}

// Uso della callback definita
$numeroPiuUno = array_map('aggiungiUno',
[1,2,3]);
print_r($numeroPiuUno);

?>
```

Sia chiaro che anche questo codice funziona ma non è così ordinato come l'esempio precedente. Non abbiamo bisogno di una funzione denominata `aggiungiUno()` a parte se usiamo la funzione solo una volta come callback. Le chiusure utilizzate come callback creano codice più conciso e decisamente più leggibile.

Capitolo 7: HTTP server

Sapevi che PHP ha un server web integrato a partire da PHP 5.4.0? Questa è un'altra gemma nascosta sconosciuta agli sviluppatori PHP che presumono di aver bisogno di Apache o nginx per visualizzare in anteprima le applicazioni PHP.

Non dovresti usarlo per la produzione ma il server web integrato di PHP è uno strumento perfetto per lo sviluppo locale. Uso il server web integrato di PHP ogni giorno, sia che scriva PHP o meno. Lo uso per visualizzare in anteprima le applicazioni Laravel e Slim Framework. Lo uso durante la creazione di siti Web con il framework di gestione dei contenuti Drupal. Lo uso anche per visualizzare in anteprima HTML e CSS statici se sto solo sviluppando il markup.

Ricorda, il server PHP integrato è un server web e parla HTTP, quindi, può fornire risorse statiche oltre ai file PHP. È un ottimo modo per scrivere e visualizzare in anteprima HTML localmente senza installare MAMP, WAMP o un server web pesante.

È facile avviare il server web PHP, apri la tua applicazione del terminale, vai alla directory principale dei documenti del tuo progetto ed esegui questo comando:

```
php -S localhost:4000
```

Questo comando avvia un nuovo server web PHP accessibile da localhost che è in ascolto sulla porta 4000. La directory di lavoro corrente è la radice dei documenti del server web. È ora possibile aprire il browser Web e accedere a `http://localhost:4000` per visualizzare l'anteprima dell'applicazione.

Mentre navighi nella tua applicazione all'interno del tuo browser web, ogni richiesta HTTP viene registrata come standard in modo che tu possa vedere se la tua applicazione genera risposte con errore 400 o 500.

A volte è utile accedere al server web PHP da altre macchine sulla rete locale (ad esempio, per l'anteprima sul tuo iPad o Windows locale). Per fare ciò, devi indicare al server web PHP di mettersi in ascolto su tutte le interfacce usando 0.0.0.0 invece di localhost:

```
php -S 0.0.0.0:4000
```

Quando sei pronto per fermare il server web PHP, chiudi l'applicazione terminale o premi i tasti Ctrl + C.

Configurare il server

Non è raro che un'applicazione richieda il proprio file di configurazione PHP INI, soprattutto se ha requisiti univoci per l'utilizzo della memoria, il caricamento dei file, la profilazione o la memorizzazione nella cache del bytecode. Puoi dire al server integrato di PHP di utilizzare un file INI specifico con l'opzione -c:

```
php       -S       localhost:8000       -c
app/config/php.ini
```

È una buona idea mantenere il file INI personalizzato sotto la cartella principale dell'applicazione e, facoltativamente, controlla che la versione del file INI sia condivisa con gli altri sviluppatori del tuo team.

Il server integrato in PHP ha una pecca purtroppo, a differenza di Apache o nginx, non supporta i file `.htaccess`. Ciò rende difficile utilizzare i front controller comuni in molti framework PHP popolari.

Un front controller è un singolo file PHP a cui vengono inoltrate tutte le richieste HTTP (tramite file `.htaccess` o regole di riscrittura). Il file PHP del front controller è responsabile dell'instradamento delle richieste e della rimozione delle patch dal codice PHP appropriato. Questo è un modello comune usato da Symfony e altri framework popolari.

Il server PHP integrato mitiga questa pecca con gli script del router. Lo script del router viene eseguito prima di ogni richiesta HTTP. Se lo script del router restituisce `false`, viene restituito l'asset statico a cui fa riferimento l'URI della richiesta HTTP corrente. In caso contrario, l'output dello script del router viene restituito come corpo della risposta HTTP.

In altre parole, se utilizzi uno script router, stai effettivamente codificando la stessa funzionalità di un file `.htaccess`. Usare uno script router è facile, basta passare il percorso del file script PHP come argomento quando si avvia il server integrato PHP:

```
php -S localhost:8000 router.php
```

A volte è utile sapere se il tuo script PHP è stato fornito da un server web PHP integrato oppure da un server web tradizionale come Apache o nginx. Forse è necessario impostare intestazioni specifiche per nginx (ad esempio, `Status:`) che non dovrebbero essere impostate per il server Web PHP.

È possibile rilevare il server Web PHP con la funzione `php_sapi_name()`. Questa funzione restituisce la stringa `cli-server` se lo script corrente è stato fornito dal server PHP integrato:

```php
<?php
if (php_sapi_name() === 'cli-server') {
    // PHP web server
} else {
    // Apache, nginx o altro...
}
?>
```

Ricorda bene che il server web integrato di PHP non deve essere mai utilizzato per la produzione. È solo per lo sviluppo locale! Se utilizzi il server web integrato in PHP su una macchina di produzione, preparati ad avere molti utenti delusi e una marea di notifiche sui tempi di inattività di Pingdom.

Il server integrato funziona in modo non ottimale perché gestisce una richiesta alla volta e ogni richiesta HTTP è bloccante. La tua applicazione web si bloccherà se un file PHP deve attendere una query di database lenta o una risposta API remota. Il server integrato, inoltre, supporta solo un numero limitato di tipi MIME ed offre una riscrittura degli URL limitata con gli script del router.

Avrai bisogno sicuramente di Apache o nginx per regole di riscrittura URL più avanzate.

Come hai avuto modo di vedere sino ad ora, PHP ha molte potenti funzionalità che possono migliorare le tue applicazioni. Per ogni approfondimento e per restare aggiornato sulle ultime funzionalità di PHP, visita il sito web https://www.php.net/. Sono sicuro che non vedi l'ora di iniziare ad utilizzare tutte queste divertenti funzionalità nelle tue applicazioni. Tuttavia, è importante utilizzarle correttamente e secondo gli standard della comunità PHP.

Capitolo 8: Gli standard

Esiste un numero sbalorditivo di componenti e framework PHP, esistono framework grandi come Symfony e Laravel ed esistono micro-framework come Silex e Slim. E ci sono framework legacy come CodeIgniter che sono stati costruiti molto prima che esistessero i moderni componenti PHP.

Il moderno ecosistema PHP è un vero e proprio crogiolo di codice che aiuta noi sviluppatori a creare applicazioni sorprendenti. Sfortunatamente, i vecchi framework PHP sono stati sviluppati isolatamente e non condividono il codice con altri framework PHP. Se il tuo progetto utilizza uno di questi vecchi framework PHP, sei bloccato con quel framework e devi vivere all'interno dell'ecosistema del framework.

Il framework giusto?

Questo ambiente centralizzato va bene se sei soddisfatto degli strumenti del tuo framework, tuttavia, cosa succede se si utilizza il framework CodeIgniter ma si desidera selezionare una libreria aggiuntiva dal framework Symfony? Probabilmente sei sfortunato a meno che non scrivi un adattatore specifico per il tuo progetto.

I framework creati isolatamente non sono stati progettati per comunicare con altri framework. Questo è estremamente inefficiente, sia per gli sviluppatori (la loro creatività è limitata dalla scelta del framework) che per i framework stessi (reinventano codice che già esiste altrove). Però ho buone notizie perché la comunità PHP si è evoluta da un modello di framework centralizzato a un ecosistema distribuito di componenti efficienti, interoperabili e specializzati.

Diversi sviluppatori di framework PHP hanno riconosciuto questo problema e hanno iniziato una conversazione a php|tek (una popolare conferenza PHP) nel 2009. Hanno discusso su come migliorare la comunicazione e l'efficienza tra framework. Invece di scrivere una nuova classe con alta coesione per i log, ad esempio, cosa succederebbe se un framework PHP potesse condividere una classe disaccoppiata come `monolog`?

Invece di scrivere le proprie classi di richieste e risposte HTTP, cosa succederebbe se un framework PHP potesse invece scegliere le classi di richiesta e risposta HTTP dal componente symfony/httpfoundation del Framework Symfony?

Perché questo funzioni, i framework PHP devono parlare un linguaggio comune che consenta loro di comunicare e condividere informazioni con altri framework, quindi, hanno bisogno di standard. Gli sviluppatori di framework PHP che si sono incontrati casualmente a php|tek hanno creato il PHP Framework Interop Group (PHP-FIG).

Il PHP-FIG è un gruppo di rappresentanti del framework PHP che, secondo il sito web di PHP-FIG, "parlano dei punti in comune tra i progetti e trovano modi in cui è possibile lavorare insieme".

PHP-FIG crea delle raccomandazioni che i framework PHP possono implementare volontariamente per migliorare la comunicazione e la condivisione con altri framework.

Il PHP-FIG è un gruppo auto-nominato di rappresentanti del framework e i suoi membri non sono eletti e non sono speciali in alcun modo se non per la loro volontà di migliorare la comunità PHP.

Chiunque può richiedere l'iscrizione e chiunque può inviare feedback ai consigli PHP-FIG che sono nel processo di proposta.

Le raccomandazioni PHP-FIG sono tipicamente adottate e implementate da molti dei framework PHP più grandi e popolari. Ti incoraggio vivamente a partecipare a PHP-FIG, se non altro per inviare feedback e contribuire a plasmare il futuro dei tuoi framework PHP preferiti.

È molto importante capire che PHP-FIG fornisce raccomandazioni.

Queste non sono regole, né requisiti, si tratta di suggerimenti elaborati con cura che semplificano la nostra vita come sviluppatori PHP (e autori di framework PHP).

Interoperabilità

La missione di PHP-FIG è l'interoperabilità dei framework ovvero significa lavorare insieme tramite interfacce, caricamento automatico e stili.

I framework PHP lavorano insieme tramite interfacce condivise infatti le interfacce PHP consentono ai framework di assumere quali metodi sono forniti da dipendenze di terze parti senza preoccuparsi di come le dipendenze implementino l'interfaccia. Ad esempio, un framework è felice di condividere un oggetto logger di terze parti supponendo che l'oggetto logger condiviso implementi i metodi `alert()`, `critical()`, `error()`, `warning()`, `notice()`, `info()` e `debug()`.

Il modo esatto in cui questi metodi vengono implementati è irrilevante. Ogni framework si preoccupa solo del fatto che la dipendenza di terze parti implementi questi metodi.

Le interfacce consentono agli sviluppatori PHP di creare, condividere e utilizzare componenti specializzate invece di framework monolitici.

I framework PHP funzionano bene insieme tramite il caricamento automatico. Il caricamento automatico è il processo mediante il quale una classe PHP viene automaticamente localizzata e caricata su richiesta dall'interprete PHP durante il runtime. Prima della definizione degli standard PHP, i componenti e i framework PHP implementavano i propri caricatori automatici unici utilizzando il metodo `\__autoload()` o il più recente metodo `spl_autoload_register()`.

Questo ha richiesto ad ogni sviluppatore di imparare ed utilizzare un caricatore automatico unico per ogni componente e framework. Al giorno d'oggi, la maggior parte dei moderni componenti e framework PHP sono compatibili con uno standard di caricatore automatico comune, ciò significa che possiamo combinare e abbinare più componenti PHP con un solo caricatore automatico.

I framework PHP per lavorare bene hanno bisogno di regole per lo stile del codice. Lo stile del codice determina la spaziatura, le lettere maiuscole e il posizionamento delle parentesi (tra le altre cose). Se i framework PHP concordano su uno stile di codice standard, gli sviluppatori PHP non hanno bisogno di imparare un nuovo stile ogni volta che utilizzano un nuovo framework PHP.

Al contrario, il codice del framework PHP è immediatamente familiare. Uno standard di codice abbassa anche la curva di apprendimento per i nuovi contributori del progetto, che possono dedicare più tempo a eliminare i bug e meno tempo ad imparare uno stile non familiare.

Lo stile del codice standard migliora anche i nostri progetti. Ogni sviluppatore, infatti, ha uno stile unico e questo diventa un problema quando più sviluppatori lavorano sulla stessa base di codice. Uno stile di codice standard aiuta tutti i membri del team a comprendere immediatamente la stessa base di codice indipendentemente dal suo autore.

Capitolo 9: PSR

Cos'è?

PSR è un acronimo per PHP standards recommendation (raccomandazione sugli standard PHP). Se hai letto di recente un blog relativo a PHP, probabilmente hai visto i termini PSR-1, PSR-2, PSR-3 ecc. questi sono consigli PHP-FIG. I loro nomi iniziano con PSR e finiscono con un numero.

Ogni raccomandazione PHP-FIG risolve un problema specifico che viene spesso riscontrato dalla maggior parte dei framework PHP. Invece di far risolvere continuamente gli stessi problemi, i framework possono adottare le raccomandazioni di PHP-FIG e costruire su soluzioni condivise.

PHP-FIG ha pubblicato cinque raccomandazioni:

- PSR-1: stile di codice base
- PSR-2: stile di codice rigoroso
- PSR-3: interfaccia logger
- PSR-4: caricamento automatico

Nota come le raccomandazioni di PHP-FIG coincidono perfettamente con i tre metodi di interoperabilità che ho menzionato nel capitolo precedente: interfacce, autoloading e stile del codice.

Questa non è una coincidenza, infatti, sono molto d'accordo con i consigli di PHP-FIG perché sono il fondamento del moderno ecosistema PHP.

Definiscono i mezzi con cui le componenti e i framework PHP interagiscono.

Lo ammetto, gli standard PHP non sono gli argomenti più interessanti ma sono prerequisiti per comprendere al meglio PHP.

PSR-1

Se vuoi scrivere codice PHP compatibile con gli standard della comunità, inizia con PSR-1, è lo standard PHP più semplice da usare. È così facile, probabilmente lo stai già usando senza nemmeno provarci. PSR-1 fornisce semplici linee guida facili da implementare con il minimo sforzo. Lo scopo di PSR-1 è fornire uno stile di codice di base per i framework PHP partecipanti. Devi soddisfare questi requisiti per essere compatibile con PSR-1:

- Tag PHP: devi racchiudere il tuo codice PHP con i tag `<?php ?>` o `<?= ?>`. Non devi utilizzare nessun'altra sintassi di tag PHP.
- Codifica: tutti i file PHP devono essere codificati con il set di caratteri UTF-8

senza BOM. Sembra complicato, ma il tuo editor di testo o IDE può farlo automaticamente.

- Caricamento automatico: gli spazi dei nomi e le classi PHP devono supportare lo standard del caricatore automatico PSR-4. Tutto quello che devi fare è scegliere nomi appropriati per i tuoi simboli PHP e assicurarti che i loro file di definizione si trovino nella posizione prevista.

- Nomi delle classi: devono utilizzare il formato CamelCase, questo formato è anche chiamato TitleCase. Esempi sono `SemePianta`, `TazzaCaffe` ecc.

- Nomi delle costanti: devono utilizzare tutti i caratteri maiuscoli. Possono utilizzare il carattere (_) per separare le parole, se necessario. Esempi sono `GRANDEZZA` e `NUMERO_EVENTI`.

- Nomi dei metodi: devono utilizzare il formato camelCase comune. Ciò significa che il primo carattere del nome del metodo è minuscolo e la prima lettera di ogni parola successiva nel nome del metodo è maiuscola. Esempi sono `recuperaValore`, `salutaUtente` e `scriviDocumento`.

PSR-2

Dopo aver implementato la PSR-1, il passo successivo è implementare lo standard PSR-2. Questo standard definisce ulteriormente lo stile del codice PHP con linee guida più rigorose. Lo stile del codice PSR-2 è una manna dal cielo per i framework PHP che hanno molti contributori da tutto il mondo, ognuno dei quali porta il proprio stile e le proprie preferenze. Uno stile rigoroso comune consente agli sviluppatori di scrivere codice che è facilmente e rapidamente compreso da altri contributori.

A differenza della PSR-1, la raccomandazione PSR-2 contiene linee guida più rigorose. Alcune delle linee guida della PSR-2 potrebbero non essere quelle che preferisci, tuttavia, PSR-2 è lo stile di codice preferito da molti framework PHP popolari. Non è necessario utilizzare la PSR-2 ma così facendo migliorerai drasticamente la capacità degli altri sviluppatori di leggere, utilizzare e contribuire al tuo codice PHP. Ecco le regole:

- Implementare la PSR-1: lo stile di codice PSR-2 richiede l'implementazione dello stile di codice PSR-1.

- Indentazione: questo è un argomento molto discusso che è tipicamente diviso in due campi. Il primo preferisce indentare il codice con un solo carattere di tabulazione, il secondo (e molto più interessante) preferisce indentare il codice con diversi caratteri di spazio. La raccomandazione PSR-2 dice che il codice PHP dovrebbe essere rientrato con quattro caratteri spazio.

- File e righe: i file PHP devono utilizzare terminazioni di riga (LF) Unix, devono terminare con una singola riga vuota e non devono includere un tag PHP finale ?>. Ogni riga di codice non deve superare gli 80 caratteri e, in definitiva, ogni riga di codice non deve superare i 120 caratteri. Ogni riga non deve contenere spazi vuoti finali. Sembra un sacco di lavoro, ma in realtà non lo è perché la maggior parte degli editor di codice ha già la possibilità di fare tutto questo, formattando il tuo codice con pochi tasti secondo le tue preferenze.

- Parole chiave: molti sviluppatori PHP digitano TRUE, FALSE e NULL in caratteri maiuscoli. Se lo fai, cerca di evitare questa pratica e usa solo caratteri minuscoli. La raccomandazione PSR-2 dice che dovresti digitare tutte le parole chiave PHP in minuscolo.

- Spazi dei nomi: ogni dichiarazione di deve essere seguita da una riga vuota. Allo stesso modo, quando importi o definisci un alias con la parola chiave `use`, devi far seguire una riga vuota dopo il blocco di istruzioni.

- Classi: come per l'indentazione, il posizionamento delle parentesi nella definizione di classe è un altro argomento che attira un acceso dibattito. Alcuni preferiscono che la parentesi di apertura risieda sulla stessa riga del nome della classe, altri preferiscono che la parentesi di apertura risieda su una nuova riga dopo il nome della classe. La raccomandazione PSR-2 afferma che la parentesi di apertura di una definizione di classe deve risiedere su una nuova riga immediatamente dopo il nome della definizione di classe. La parentesi di chiusura della definizione di classe deve risiedere su una nuova riga dopo la fine del corpo della definizione di classe. Se la tua classe estende un'altra classe o implementa un'interfaccia, le parole chiave `extends` e `implements` devono apparire sulla stessa riga del nome della classe.

- Metodi: il posizionamento delle parentesi di definizione del metodo è uguale al posizionamento delle parentesi di definizione di classe. La parentesi di apertura della definizione del metodo risiede su una nuova riga immediatamente dopo il nome del metodo. La parentesi di chiusura della definizione del metodo risiede su una nuova riga immediatamente dopo il corpo della definizione del metodo. Presta molta attenzione agli argomenti del metodo. La prima parentesi non ha uno spazio finale e l'ultima parentesi non ha uno spazio che la precede.

- Visibilità: È necessario dichiarare una visibilità per ogni proprietà e metodo di classe. La visibilità può essere pubblica, protetta o privata e determina il modo in cui una proprietà o un metodo è accessibile all'interno e all'esterno della sua classe. Gli sviluppatori PHP della vecchia scuola possono essere abituati ad anteporre alle proprietà delle classi la parola chiave `var` e a prefissare i metodi privati con il carattere underscore _. Dimentica questa tecnica ed utilizza una delle visibilità elencate in precedenza. Se dichiari una proprietà o un metodo di una classe come `abstract` o `final`, tali qualificatori devono apparire prima della visibilità. Se si dichiara una proprietà o un metodo come `static`, il qualificatore deve essere visualizzato dopo la visibilità.

- Strutture di controllo: questa è probabilmente la linea guida che violo più spesso. Tutte le parole chiave delle strutture di controllo devono essere seguite da un singolo carattere spazio. Una parola chiave della struttura di controllo è `if`, `elseif`, `else`, `switch`, `case`, `while`, `do while`, `for`, `foreach`, `try` o `catch`. Se la parola chiave della struttura di controllo richiede una serie di parentesi, assicurati che la prima parentesi non sia seguita da uno spazio e assicurati che l'ultima parentesi non sia preceduta da uno spazio. A differenza delle definizioni di classe e metodo, le parentesi quadre che appaiono dopo una parola chiave della struttura di controllo devono rimanere sulla stessa riga della parola chiave della struttura di controllo. La parentesi di chiusura della parola chiave della struttura di controllo deve risiedere su una nuova riga.

PSR-3

La terza raccomandazione PHP-FIG non è un insieme di linee guida come i suoi predecessori. PSR-3 è un'interfaccia e prescrive metodi che possono essere implementati dai componenti del log di PHP.

Un logger è un oggetto che scrive messaggi di varia importanza su un dato output. I messaggi scritti (o loggati) vengono utilizzati per diagnosticare, ispezionare e risolvere i problemi di funzionamento, stabilità e prestazioni dell'applicazione.

Si possono scrivere informazioni di debug in un file di testo durante lo sviluppo, statistiche sul traffico del sito Web in un database o l'invio di messaggi di diagnostica degli errori irreversibili a un amministratore del sito Web.

Il componente logger PHP più popolare è monolog/monolog, creato da Jordi Boggiano.

Molti framework PHP implementano questo standard ma prima di PHP-FIG, ogni framework risolveva il logging in modo diverso, spesso con un'implementazione proprietaria. Nello spirito dell'interoperabilità e della specializzazione, motivi ricorrenti nel nuovo PHP, PHP-FIG ha stabilito l'interfaccia del logger PSR-3.

I framework che accettano logger compatibili con PSR-3 realizzano due cose importanti: i problemi di log sono delegati a terze parti e gli utenti finali possono usare il loro componente logger preferito. È una vittoria per tutti.

PSR-4

La quarta raccomandazione PHP-FIG descrive una strategia per standardizzare il caricatore automatico. Un caricatore automatico è una strategia per trovare una classe, un'interfaccia o un trait PHP e caricarlo nell'interprete PHP su richiesta, in fase di esecuzione. Le componenti e i framework PHP che supportano lo standard PSR-4 possono essere individuati e caricati nell'interprete PHP con un solo caricatore automatico.

Quante volte hai visto codice come questo all'inizio dei tuoi file PHP?

```php
<?php
include 'percorso/al/file1.php';
include 'percorso/al/file2.php';
include 'percorso/al/file3.php';
?>
```

Troppo spesso, vero? Probabilmente hai familiarità con le funzioni `require()`, `require_once()`, `include()` e `include_once()`. Queste funzioni caricano un file PHP esterno nello script corrente e funzionano meravigliosamente se hai solo pochi script PHP.

Tuttavia, cosa succede se è necessario includere un centinaio di script PHP? E se avessi bisogno di includere un migliaio di script PHP?

Le funzioni `require()` e `include()` non si adattano bene ed è per questo che i caricatori automatici PHP sono importanti. Un caricatore automatico è una strategia per trovare una classe, un'interfaccia o un tratto PHP e caricarlo nell'interprete PHP su richiesta e in fase di esecuzione, senza includere esplicitamente i file come nell'esempio precedente.

Prima che PHP-FIG presentasse la sua raccomandazione PSR-4, gli autori di componenti e framework PHP usavano le funzioni `__autoload()` e `spl_autoload_register()` per registrare strategie di caricamento automatico personalizzate.

Sfortunatamente, ogni componente e framework PHP utilizzava un caricatore automatico unico e ogni caricatore automatico utilizzava una logica diversa per individuare e caricare classi, interfacce e caratteristiche PHP. Gli sviluppatori che utilizzavano questi componenti e framework erano obbligati a richiamare il caricatore automatico di ciascun componente durante il bootstrap di un'applicazione PHP.

Personalmente uso sempre il componente del modello Twig di Sensio Labs. Senza PSR-4, tuttavia, devo leggere la documentazione di

Twig e capire come registrare il suo caricatore automatico personalizzato nel file bootstrap della mia applicazione, in questo modo:

```php
<?php
require_once
'/percorso/al/Twig/Autoloader.php';
Twig_Autoloader::register();
?>
```

Immagina di dover ricercare e registrare caricatori automatici unici per ogni componente PHP nella tua applicazione. PHP-FIG ha riconosciuto questo problema e ha proposto la raccomandazione del caricatore automatico PSR-4 per facilitare l'interoperabilità dei componenti.

Grazie a PSR-4, possiamo caricare automaticamente tutti i componenti PHP della nostra applicazione con un solo caricatore automatico, tutto ciò è fantastico. La maggior parte dei moderni componenti e framework PHP sono compatibili con PSR-4 pertanto se scrivi e distribuisci i tuoi componenti, assicurati che siano compatibili anche con la PSR-4! I componenti partecipanti includono Symfony, Doctrine, Monolog, Twig, Guzzle, SwiftMailer, PHPUnit, Carbon e molti altri.

Come ogni autoloader PHP, PSR-4 descrive una strategia per individuare e caricare classi, interfacce e caratteristiche PHP durante il runtime. La raccomandazione PSR-4 non richiede di modificare l'implementazione del codice, invece, PSR-4 suggerisce solo come è organizzato il codice in directory del file system e spazi dei nomi PHP.

La strategia di caricamento automatico della PSR-4 si basa sugli spazi dei nomi PHP e sulle directory del file system per individuare e caricare classi, interfacce e traits PHP. L'essenza della PSR-4 è mappare un prefisso dello spazio dei nomi di primo livello in una directory specifica del filesystem. Ad esempio, posso dire a PHP che classi, interfacce o traits sotto lo spazio dei nomi \Pippo\MioPHP vivono sotto la directory del filesystem `src/pippo`.

PHP ora sa che tutte le classi, interfacce o tratti che usano il prefisso dello spazio dei nomi \Pippo\MioPHP corrispondono alle directory e ai file sotto la directory `src/`.

La strategia di caricamento automatico della PSR-4 è la più rilevante per gli autori di componenti e framework che distribuiscono codice ad altri sviluppatori. Il codice di un componente PHP risiede sotto uno spazio dei nomi univoco del fornitore e l'autore del componente specifica quale directory del filesystem corrisponde allo spazio dei nomi del fornitore del componente, esattamente come ho dimostrato in precedenza.

Capitolo 10: Componenti

Oggi PHP si occupa sempre meno di framework monolitici e si focalizza sempre di più sulla composizione di soluzioni da componenti specializzati e interoperabili. Quando creo una nuova applicazione PHP, raramente raggiungo direttamente Laravel o Symfony, al contrario, penso a quali componenti PHP esistenti posso combinare per risolvere il mio problema.

I componenti PHP sono un nuovo concetto per molti programmatori PHP e anch'io non avevo idea dei componenti PHP fino a pochi anni fa. Istintivamente avviavo le applicazioni PHP con framework enormi come Symfony o CodeIgniter senza considerare altre opzioni.

Ho investito in un ecosistema chiuso di un unico framework e ho utilizzato solo gli strumenti che forniva. Quando il framework non forniva ciò di cui avevo bisogno, ero sfortunato e dovevo creare le funzionalità aggiuntive da solo. Era anche difficile integrare librerie personalizzate o di terze parti in framework più grandi perché non condividevano interfacce comuni.

Sono lieto di informarti che i tempi sono cambiati e non siamo più legati alle strutture monolitiche e ai loro giardini recintati da filo spinato perché i componenti ci danno una mano.

Un componente è un pacchetto di codice che aiuta a risolvere un problema specifico nella tua applicazione PHP. Ad esempio, se la tua applicazione PHP invia e riceve richieste HTTP, c'è un componente per farlo. Se la tua applicazione PHP analizza dati delimitati da virgole, è disponibile un componente PHP per farlo. Se la tua applicazione PHP ha bisogno di un modo per registrare i messaggi, c'è un componente anche per quello.

Invece di ricostruire funzionalità già risolte, utilizziamo componenti PHP già pronte e testate in modo da dedicare più tempo nel risolvere gli obiettivi più interessanti del nostro progetto. In qualsiasi mercato, ci sono prodotti buoni e prodotti scadenti e lo stesso concetto si applica ai componenti PHP. Proprio come ispezioni una mela al supermercato, puoi usare alcuni trucchi per individuare un buon componente PHP.

Cerca componenti che siano incentrate alla risoluzione di un solo problema, che siano di dimensioni compatte, cooperative e ben testate.

Un altro aspetto da non sottovalutare riguarda anche la documentazione, dovrebbe essere facile per gli sviluppatori installare, comprendere e utilizzare un componente e solo una buona documentazione rende possibile ciò.

PYTHON

Premessa

Python è un popolare linguaggio di programmazione open source utilizzato sia per programmi standalone che per applicazioni di scripting in un'ampia varietà di domini. È gratuito, portatile, potente ed è sia facile da usare che divertente da usare. I programmatori di ogni angolo dell'industria del software hanno posto l'attenzione su Python, sulla produttività degli sviluppatori e sulla qualità del software. Questi aspetti sono fondamentali e rappresentano un vantaggio strategico sia in progetti grandi che di piccole dimensioni.

Che tu sia un principiante nell'ambito della programmazione o che tu sia uno sviluppatore professionista, questo libro è progettato per portarti al passo con il linguaggio Python in modo graduale e guidato, accompagnato da esercizi svolti ed esercizi che dovrai svolgere in autonomia. Dopo aver letto questo libro, dovresti saperne abbastanza su Python per poterlo usare in qualsiasi dominio applicativo tu scelga di esplorare.

In base a ciò che vuoi realizzare, questo libro è un tutorial che enfatizza il linguaggio di Python, piuttosto che focalizzarsi sulle sue applicazioni specifiche. A causa del focus sui fondamenti, tuttavia, questo libro è in grado di presentare i fondamenti del linguaggio Python con più profondità di quanto molti programmatori vedano in altri corsi.

Il suo approccio dal basso verso l'alto e gli esempi didattici sono progettati per insegnare ai lettori le basi del linguaggio un passo alla volta. Le competenze linguistiche di base che acquisirai nel processo si applicheranno a ogni software Python che incontrerai, siano essi strumenti popolari come Django, NumPy e App Engine o altri che potrebbero far parte sia del futuro di Python che della tua carriera di programmatore.

Questo libro funge da introduzione al linguaggio e, sebbene ci siano molti modi per usare questo libro, il mio consiglio è di procedere per capitoli e contemporaneamente risolvere gli esercizi correlati proposti. In tal modo si amplifica di gran lunga l'efficacia del libro stesso.

Capitolo 1: Perché Python

Poiché hai acquistato questo libro, potresti già sapere cos'è Python e perché è uno strumento importante per la programmazione così come per la tua carriera. Se non ne sei a conoscenza, probabilmente non potrai inserire Python nel tuo CV finché non avrai imparato il linguaggio leggendo il resto di questo libro e finché non avrai realizzato qualche progetto. Ma prima di entrare nei dettagli, questo primo capitolo di questo libro introdurrà brevemente alcuni dei motivi principali alla base della popolarità di Python.

Ragioni del successo

Perché Python è così usato? Poiché oggi sono disponibili molti linguaggi di programmazione, questa è la solita prima domanda dei principianti. Dato che al momento ci sono circa 1 milione di utenti Python, non c'è davvero modo di rispondere a questa domanda con la massima accuratezza; la scelta degli strumenti di sviluppo è talvolta basata su vincoli unici o preferenze personali. I fattori principali citati dagli utenti di Python sembrano essere questi:

- Qualità del software

- Produttività degli sviluppatori

- Supporto per le librerie

- Integrazione delle componenti

- Portabilità

- Divertimento nella programmazione

Per molti, l'attenzione di Python sulla leggibilità, la coerenza e la qualità del software in generale lo distingue dagli altri strumenti nel mondo dello scripting. Il codice Python è progettato per essere leggibile e quindi riutilizzabile e manutenibile, molto più dei tradizionali linguaggi di scripting. L'uniformità del codice Python lo rende facile da capire, anche se non si tratta di codice scritto da te. Inoltre, Python ha un supporto profondo per meccanismi di riutilizzo del software più avanzati, come la programmazione orientata agli oggetti (OOP) e di funzioni.

Python aumenta la produttività degli sviluppatori rispetto a linguaggi come C, C++ e Java. Il codice Python è in genere da un terzo a un quinto in termini di dimensione dell'equivalente codice C++ o Java. Ciò significa che c'è meno testo da digitare, meno codice per cui eseguire il debug e meno codice da manutenere dopo il rilascio. I programmi Python vengono eseguiti immediatamente, senza i lunghi passaggi di compilazione e linking richiesti da altri strumenti, aumentando ulteriormente la produttività del programmatore.

La maggior parte dei programmi Python viene eseguita senza modifiche su tutte le principali piattaforme per computer. Eseguire il porting di codice Python tra Linux e Windows, ad esempio, si riduce a copiare il codice di uno script tra le macchine. Inoltre, Python offre molteplici opzioni per la codifica di interfacce utente grafiche, programmi di accesso al database, sistemi basati sul web e altro ancora. Anche le interfacce del sistema operativo, inclusa l'esecuzione dei programmi e l'elaborazione delle directory, sono portabili in Python.

Python viene fornito con un'ampia raccolta di funzionalità predefinite, note come libreria standard. Inoltre, Python può essere esteso sia con librerie interne che con una vasta raccolta di software di supporto per applicazioni di terze parti. Il dominio di terze parti di Python offre strumenti per la costruzione di siti Web, la programmazione numerica, l'accesso alle porte seriali, lo sviluppo di giochi e molto altro. L'estensione NumPy, ad esempio, è stata descritta come un equivalente gratuito e più potente del sistema di programmazione numerica Matlab.

Gli script Python possono comunicare facilmente con altre parti di un'applicazione, utilizzando una varietà di meccanismi di integrazione. Tali integrazioni consentono di utilizzare Python come strumento di personalizzazione ed estensione, infatti, il codice Python può invocare librerie C e C++, può essere invocato da programmi C e C++, può integrarsi con componenti Java e .NET, può comunicare su framework come COM e Silverlight. Oltre a questo, può interagire su reti con interfacce come SOAP, XML-RPC e CORBA.

Grazie alla facilità d'uso e al set di strumenti integrato di Python, può rendere la programmazione più un piacere che un lavoro di routine. Sebbene questo possa essere un vantaggio immateriale, il suo effetto sulla produttività è una risorsa importante. Di questi fattori, i primi due (qualità e produttività) sono probabilmente i vantaggi più interessanti per la maggior parte degli utenti Python.

Grazie a tutte queste interessanti proprietà, Python è utilizzato da diverse aziende importanti come Google, Facebook, Instagram, Spotify, Quora, Netflix, Dropbox e tante altre.

Perché non usarlo sempre?

Visto che ha tutti questi vantaggi, perché non usiamo tutti Python e invece diamo spazio anche ad altri linguaggi?

Dopo averlo usato per molti anni, ho scoperto che l'unico svantaggio significativo di Python è che, come attualmente implementato, la sua velocità di esecuzione potrebbe non essere sempre la più rapida rispetto ai linguaggi completamente compilati come C e C++. Sebbene oggigiorno sia relativamente raro, per alcune attività potrebbe rivelarsi ancora necessario essere "più vicini al ferro" utilizzando linguaggi più vicini all'architettura hardware sottostante.

In breve, le implementazioni standard di Python oggi compilano (cioè traducono) le istruzioni del codice sorgente in un formato intermedio noto come byte-code e quindi interpretano il byte-code. Esso fornisce la portabilità poiché è un formato indipendente dalla piattaforma, tuttavia, poiché Python non è normalmente compilato fino al codice macchina binario (ad esempio, istruzioni per un chip Intel), alcuni programmi verranno eseguiti più lentamente in Python rispetto ad un linguaggio completamente compilato come C.

Python, tuttavia, è stato ottimizzato numerose volte e il codice Python viene eseguito abbastanza velocemente nella maggior parte dei domini delle applicazioni. Inoltre, ogni volta che fai qualcosa di "reale" in uno script Python, come elaborare un file o costruire un'interfaccia utente grafica (GUI), il tuo programma verrà effettivamente eseguito alla velocità del linguaggio C, poiché tali attività vengono immediatamente inviate al codice C compilato all'interno dell'interprete Python.

Fondamentalmente, il guadagno di velocità in fase di sviluppo di Python è spesso molto più importante di qualsiasi perdita di velocità in esecuzione, specialmente date le prestazioni dei computer moderni. Anche alle attuali velocità della CPU, tuttavia, ci sono ancora alcuni domini che richiedono velocità di esecuzione ottimali.

Non parleremo di estensioni in questo libro ma sappi che ne esistono diverse per Python che possono aiutarti qualora ne avessi bisogno, ti basterà una ricerca su Google. Troverai una community molto vasta e pronta a darti una mano e capirai che tali estensioni forniscono un potente strumento di ottimizzazione.

Verifica la tua preparazione

1. Quali sono le sei ragioni per cui è usato Python?

2. Quali sono le aziende usano Python?

3. Quando non è consigliato usarlo?

Capitolo 2: I tipi di oggetti

Questo capitolo inizia il nostro tour del linguaggio Python. In Python, i dati assumono la forma di oggetti: oggetti incorporati (o integrati) forniti da Python oppure oggetti che creiamo utilizzando classi Python oppure strumenti di linguaggio esterni come le librerie di estensioni C. Sebbene rafforzeremo questa definizione più avanti, gli oggetti sono essenzialmente solo parti di memoria, con valori e insiemi di operazioni associate.

Come vedremo, tutto è un oggetto in uno script Python, anche i numeri semplici con valori (ad es. 99) e le relative operazioni (addizione, sottrazione e così via). Poiché gli oggetti sono anche la nozione più importante nella programmazione Python, inizieremo questo capitolo con un'indagine sui tipi di oggetti integrati in Python.

Da una prospettiva più concreta, i programmi Python possono essere scomposti in moduli, istruzioni, espressioni e oggetti, come segue:

- I programmi sono composti da moduli

- I moduli contengono istruzioni

- Le istruzioni contengono espressioni

- Le espressioni creano ed elaborano oggetti

Se hai utilizzato linguaggi a più basso livello come C o C++, sai che gran parte del tuo lavoro si concentra sull'implementazione di oggetti, noti anche come strutture di dati, per rappresentare i componenti nel dominio della tua applicazione. È necessario disporre le strutture della memoria, gestire l'allocazione della memoria, implementare le routine di ricerca e accesso e così via. Queste faccende sono noiose (e soggette a errori) e, a quanto sembra, di solito distraggono dai veri obiettivi del tuo programma.

Nei tipici programmi Python, la maggior parte di questo lavoro scompare e, poiché Python fornisce potenti tipi di oggetti come parte intrinseca del linguaggio, di solito non è necessario codificare le implementazioni degli oggetti prima di iniziare a risolvere i problemi. In effetti, a meno che tu non abbia bisogno di un'elaborazione speciale che i tipi integrati non forniscono, è quasi sempre meglio utilizzare un oggetto integrato invece di implementare il tuo.

Oggetti integrati

Gli oggetti integrati semplificano la scrittura dei programmi. Per compiti semplici, tali tipi sono spesso tutto ciò che serve per rappresentare la struttura dei domini. Poiché ottieni strumenti potenti come raccolte (elenchi) e tabelle di ricerca (dizionari) già out-of-the-box, puoi utilizzarli immediatamente. Puoi creare molto codice solo con i tipi di oggetti incorporati di Python. Per attività più complesse, potrebbe essere necessario fornire i propri oggetti utilizzando classi Python o interfacce in linguaggio C.

Tuttavia, gli oggetti integrati sono spesso più efficienti delle strutture di dati personalizzate. I tipi integrati di Python impiegano algoritmi di strutture dati già ottimizzati che vengono implementati in C per garantire una certa velocità. Sebbene tu possa scrivere da solo tipi di oggetti simili, di solito ti sarà difficile ottenere il livello di prestazioni fornito dai tipi di oggetti integrati.

Gli oggetti integrati sono una parte standard del linguaggio, infatti, in un certo senso, Python eredita sia dai linguaggi che si basano su strumenti integrati (ad esempio, LISP) sia dai linguaggi che si affidano al programmatore per fornire implementazioni di strumenti o framework propri (ad esempio, C++). Sebbene tu possa implementare tipi di oggetti univoci in Python, non è necessario farlo. In altre parole, non solo i tipi di oggetti integrati facilitano la programmazione, ma sono anche più potenti ed efficienti della maggior parte di ciò che può essere creato da zero. Indipendentemente dal fatto che si implementino nuovi tipi di oggetti, gli oggetti integrati costituiscono il nucleo di ogni programma Python.

Ecco alcuni tipi di oggetti integrati in Python:

- Number

- String

- List

- Dictionary

- Tuple

- File

- Set

- Function, module, class

Alcuni di questi tipi probabilmente sembreranno familiari se hai usato altri linguaggi; ad esempio, i numeri e le stringhe rappresentano rispettivamente valori numerici e testuali e gli oggetti File forniscono un'interfaccia per l'elaborazione di file memorizzati sul computer. Per alcuni lettori, tuttavia, potrebbero essere più generali e potenti di quelli a cui sei abituato. Ad esempio, scoprirai che gli elenchi e i dizionari da soli sono potenti strumenti di rappresentazione dei dati che eliminano la maggior parte del lavoro che svolgi per supportare le raccolte e la ricerca nei linguaggi di basso livello.

In breve, gli elenchi forniscono raccolte ordinate di altri oggetti, mentre i dizionari memorizzano gli oggetti per chiave; sia gli elenchi che i dizionari possono essere annidati, possono crescere e ridursi su richiesta e possono contenere oggetti di qualsiasi tipo.

Un aspetto importante da ricordare è che, una volta creato un oggetto, esso si lega al suo insieme di operazioni per sempre: è possibile eseguire solo operazioni delle stringhe su una stringa e operazioni delle liste su una lista. In termini formali, ciò significa che Python è tipizzato dinamicamente quindi tiene traccia dei tipi automaticamente ma è anche fortemente tipizzato, puoi eseguire su un oggetto solo operazioni valide per il suo tipo.

Prima di addentrarci nei dettagli, però, iniziamo dando una rapida occhiata agli oggetti principali di Python. Non aspettarti di trovare la storia completa qui: l'obiettivo di questo capitolo è solo quello di stuzzicare l'appetito e introdurre alcune idee chiave. Tuttavia, il modo migliore per iniziare è iniziare, quindi passiamo direttamente al codice.

Numeri

Se in passato hai eseguito programmi o script, alcuni dei tipi di oggetti elencati ti sembreranno familiari. Anche se non l'hai fatto, i numeri sono abbastanza semplici. Il set di oggetti principali di Python include i soliti numeri interi che non hanno parti frazionarie, numeri in virgola mobile e tipi più complessi: numeri complessi con parti immaginarie, decimali con precisione fissa, razionali con numeratore e denominatore ecc.

I numeri integrati sono sufficienti per rappresentare la maggior parte delle quantità numeriche, dalla tua età al tuo conto in banca, ma sono disponibili più tipi come componenti aggiuntivi di terze parti. I numeri in Python supportano le normali operazioni matematiche. Ad esempio, il segno più (+)

esegue l'addizione, una stella (*) viene utilizzata per la moltiplicazione e due stelle (**) vengono utilizzate per l'elevamento a potenza:

```
>>> 123 + 222 # Addizione intera
345
>>> 1.5 * 4 # Moltiplicazione in virgola
mobile
6.0
>>> 2 ** 20 # 2 alla potenza 100
1267650600228229401496703205376
```

Oltre alle espressioni, ci sono una manciata di utili moduli forniti con Python. I moduli sono solo pacchetti di strumenti aggiuntivi che importiamo per l'uso:

```
>>> import math
>>> math.pi
3.141592653589793
>>> math.sqrt(85)
9.219544457292887
```

Il modulo `math` contiene strumenti numerici più avanzati come funzioni, mentre il modulo

random esegue la generazione di numeri
casuali e le selezioni casuali:

```
>>> import random
>>> random.random()
0.7082048489415967
>>> random.choice([1, 2, 3, 4])
1
```

Finora, abbiamo utilizzato Python in modo molto simile a una semplice calcolatrice; per rendere giustizia ai suoi tipi integrati, passiamo all'esplorazione delle stringhe.

Stringhe

Le stringhe vengono utilizzate per registrare sia informazioni testuali (il tuo nome, ad esempio) che raccolte arbitrarie di byte (come il contenuto di un file di immagine). Sono il nostro primo esempio di ciò che in Python chiamiamo sequenza ovvero una raccolta ordinata in base alla posizione di altri oggetti.

Le sequenze mantengono un ordine da sinistra a destra degli elementi che contengono: i loro elementi vengono memorizzati e recuperati dalle loro posizioni relative. A rigor di termini, le stringhe sono sequenze di stringhe di un carattere; altri tipi di sequenza più generali includono elenchi e tuple, che vedremo in seguito. Come sequenze, le stringhe supportano operazioni che assumono un ordinamento posizionale tra gli elementi, ad esempio, se abbiamo una stringa di quattro caratteri codificata tra virgolette, possiamo verificarne la lunghezza con la funzione incorporata `len` e recuperarne i componenti con espressioni di indicizzazione:

```
>>> S = 'Spam' # Crea una stringa di 4
caratteri e assegnale un nome
>>> len (S)  # Lunghezza
4
>>> S [0] # Il primo elemento in S,
indicizzato in base alla posizione a
base zero
'S'
>>> S [1] # Il secondo elemento da
sinistra
"p"
```

In Python, gli indici sono codificati come offset dalla parte anteriore, quindi iniziano da 0 e il primo elemento si trova all'indice 0, il secondo all'indice 1 e così via. Osserva come abbiamo assegnato la stringa a una variabile denominata S, ricorda che le variabili Python non devono mai essere dichiarate in anticipo.

Una variabile viene creata quando le si assegna un valore, può essere assegnato a qualsiasi tipo di oggetto e viene sostituita con il suo valore quando viene visualizzato in un'espressione. Per gli scopi di questo capitolo, è sufficiente sapere che dobbiamo assegnare un oggetto a una variabile per salvarlo per un uso successivo.

In Python, possiamo anche indicizzare al contrario ovvero dalla fine: gli indici positivi contano da sinistra e gli indici negativi contano a ritroso da destra:

```
>>> S [-1] # L'ultimo elemento dalla
fine in S
'm'
>>> S [-2] # Il penultimo elemento dalla
fine
'a'
```

Formalmente, un indice negativo viene semplicemente aggiunto alla lunghezza della stringa, quindi le due operazioni seguenti sono equivalenti (sebbene la prima sia più facile da codificare e meno incline ad errori):

```
>>> S [-1] # L'ultimo elemento in S
'm'
>>> S [len (S) -1] # Indicizzazione
negativa, nel modo più rigoroso
'm'
```

Nota che possiamo usare un'espressione arbitraria tra parentesi quadre, non solo un numero — ovunque Python si aspetti un valore, possiamo usare un letterale, una variabile o una qualsiasi espressione.

La sintassi di Python è completamente generale in questo modo. Oltre alla semplice indicizzazione posizionale, le sequenze supportano anche una forma più generale di indicizzazione nota come slicing, che è un modo per estrarre un'intera sezione (slice) in un unico passaggio. Ad esempio:

```
>>> S # Una stringa di 4 caratteri
"Spam"
```

```
>>> S [1: 3]  # Parte di S dagli offset 1
a 2 (non 3)
"pa"
```

Probabilmente il modo più semplice per pensare alle sezioni è che sono un modo per estrarre un'intera colonna da una stringa. La loro forma generale, x [I: J], significa "dammi tutto in x dall'offset I fino all'offset J escluso". Il risultato viene restituito in un nuovo oggetto.

La seconda delle operazioni precedenti, ad esempio, ci fornisce tutti i caratteri nella stringa S dagli offset 1 a 2 (cioè da 1 a 3 - 1) come una nuova stringa. L'effetto è quello di suddividere i due caratteri al centro.

Infine, come sequenze, le stringhe supportano anche la concatenazione con il segno + (unendo due stringhe in una nuova stringa) e la ripetizione (creando una nuova stringa ripetendone un'altra):

```
>>> S
'Spam'
>>> S + 'xyz' # Concatenazione
'Spamxyz'
>>> S # S è rimasto invariato
'Spam'
>>> S * 8 # Ripetizione
'SpamSpamSpamSpamSpamSpamSpamSpam'
```

Nota che il segno più (+) assume diversi significati per oggetti diversi: addizione per i numeri e concatenazione per le stringhe. Questa è una proprietà generale di Python che chiameremo polimorfismo, in sintesi, il significato di un'operazione dipende dagli oggetti su cui si opera. Questa proprietà del polimorfismo spiega gran parte della concisione e della flessibilità del codice Python.

Poiché i tipi non sono vincolati, un'operazione codificata in Python può funzionare normalmente su molti tipi diversi di oggetti automaticamente, purché supportino un'interfaccia compatibile (come l'operazione

+ in questo caso).

Verifica la tua preparazione

1. Nomina quattro dei principali tipi di dati in Python.
2. Perché sono detti tipi di dati "core"?

Capitolo 3: Strutture dati

Liste

L'oggetto liste (o elenco) in Python è la sequenza più generale fornita dal linguaggio. Le liste sono raccolte ordinate in base alla posizione di oggetti tipizzati arbitrariamente e non hanno dimensioni fisse. Sono anche modificabili, infatti, a differenza delle stringhe, le liste possono essere modificate per posizione tramite assegnazione a offset e una varietà di metodi. Di conseguenza, forniscono uno strumento molto flessibile per rappresentare raccolte arbitrarie: elenchi di file in una cartella, dipendenti di un'azienda, messaggi di posta elettronica nella posta in arrivo e così via.

Poiché sono sequenze, le liste supportano tutte le operazioni di sequenza che abbiamo discusso per le stringhe; l'unica differenza è che i risultati di solito sono elenchi anziché stringhe. Ad esempio, dato un elenco di tre elementi:

```
>>> L = [123, 'spam', 1.23] # Un elenco
di tre oggetti di tipo diverso
>>> len (L) # Numero di elementi
nell'elenco
3
```

possiamo utilizzare gli indici, sezionare e così via, proprio come per le stringhe:

```
>>> L [0] # Indicizzazione per posizione
123
>>> L [: - 1] # Se si seziona una lista
ne viene restituita una nuova
[123, 'spam']
>>> L + [4, 5, 6] # Concatenazione /
ripetizione creano nuovi elenchi
[123, 'spam', 1.23, 4, 5, 6]
>>> L * 2
[123, 'spam', 1.23, 123 , 'spam', 1.23]
>>> L # Non stiamo cambiando l'elenco
originale
[123, 'spam', 1.23]
```

Gli elenchi di Python possono ricordare gli array di altri linguaggi, ma tendono ad essere più potenti. Per prima cosa, non hanno vincoli sul tipo: l'elenco che abbiamo appena visto, ad esempio, contiene tre oggetti di tipi completamente diversi (un intero, una stringa e un numero in virgola mobile).

Inoltre, gli elenchi non hanno dimensioni fisse, cioè, possono crescere e ridursi su richiesta, in risposta ad operazioni specifiche dell'elenco:

```
>>> L.append ('NI') # aggiungo un
oggetto alla fine dell'elenco
>>> L
[123, 'spam', 1.23, 'NI']
>>> L.pop (2) # elimina un elemento al
centro e restituisce l'elemento
eliminato
1.23
>>> L
[123, 'spam', ' NI ']
```

Qui, il metodo `append` della lista espande le dimensioni della lista e inserisce un elemento alla fine; il metodo `pop` rimuove un elemento ad un dato offset, causando la riduzione dell'elenco. Altri metodi inseriscono un elemento in una posizione arbitraria (`insert`), rimuovono un dato elemento per valore (`remove`), aggiungono più elementi alla fine (`extend`) e così via. Poiché gli elenchi sono modificabili, la maggior parte dei metodi di elenco cambia l'oggetto elenco in posizione, invece di crearne uno nuovo:

```
>>> M = ['bb', 'aa', 'cc']
>>> M.sort()
>>> M
['aa', 'bb', 'cc']
>>> M.reverse()
>>> M
['cc', 'bb', 'aa']
```

Il metodo `sort` dell'elenco, ad esempio, ordina l'elenco in modo crescente per impostazione predefinita e `reverse` lo inverte: in entrambi i casi, i metodi modificano l'elenco in modo diretto.

Una caratteristica interessante dei tipi di dati principali di Python è che supportano la nidificazione arbitraria: possiamo nidificarli in qualsiasi combinazione e in profondità. Ad esempio, possiamo avere un elenco che contiene un dizionario, che contiene un altro elenco e così via. Un'applicazione immediata di questa caratteristica è la rappresentazione di matrici, o "array multidimensionali" in Python. Un elenco con elenchi annidati farà il lavoro si presenterà in questo modo:

```
>>> M = [[1, 2, 3],  # Una matrice 3 x 3
         [4, 5, 6],
         [7, 8, 9]]
>>> M
[[1, 2, 3], [4, 5, 6], [7, 8, 9]]
```

Qui abbiamo codificato un elenco che contiene altri tre elenchi. L'effetto è quello di rappresentare una matrice di numeri 3 × 3 (righe x colonne). È possibile accedere a tale struttura in vari modi:

```
>>> M [1] # Ottieni la riga 2
[4, 5, 6]
>>> M [1] [2] # Ottieni la riga 2,
quindi ottieni l'elemento in posizione 2
all'interno della riga
6
```

La prima operazione qui recupera l'intera seconda riga e la seconda recupera il terzo elemento all'interno di quella riga (da sinistra verso destra). Mettendo insieme le operazioni sugli indici è possibile scorrere sempre più in profondità nella struttura di oggetti annidati.

Dizionari

I dizionari Python sono qualcosa di completamente diverso: non sono affatto sequenze ma sono invece conosciute come mappings (o mappature). Le mappature sono raccolte di altri oggetti ma memorizzano gli oggetti per chiave invece che per posizione.

In effetti, le mappature non mantengono alcun ordine affidabile da sinistra a destra; mappano semplicemente le chiavi ai valori associati. Anche i dizionari, che sono l'unico tipo di mappatura nell'insieme di oggetti principali di Python, sono mutabili: come gli elenchi, possono essere modificati in posizione e possono crescere e ridursi su richiesta.

Inoltre, come gli elenchi, sono uno strumento flessibile per rappresentare le raccolte, ma le loro chiavi sono più adatte quando gli elementi di una raccolta sono denominati o etichettati, ad esempio i campi di un record di database.

Quando scritti come letterali, i dizionari sono codificati tra parentesi graffe e sono costituiti da una serie di coppie "chiave: valore". I dizionari sono utili ogni volta che abbiamo bisogno di associare un insieme di valori a chiavi, ad esempio per descrivere le proprietà di qualcosa. Considera il seguente dizionario composto da tre voci (con le chiavi "cibo", "quantita" e "colore"):

```
>>> D = {'cibo': 'Carne poco cotta',' quantita': 1,' color ':' rosa'}
```

Possiamo indicizzare questo dizionario in base alle chiavi per recuperare o modificare i valori associati. L'operazione di indice del dizionario utilizza la stessa sintassi di quella utilizzata per le sequenze, ma l'elemento tra parentesi quadre è una chiave, non una posizione relativa:

```
>>> D ['cibo'] # Recupera il valore
della chiave 'cibo'
'Carne poco cotta'
>>> D ['quantita'] + = 1 # Aggiungi 1 al
valore 'quantita'
>>> D
{'colore': 'rosa', 'cibo': 'Carne poco
cotta', 'quantita': 2}
```

Sebbene sia usata la forma letterale delle parentesi graffe, forse è più comune vedere dizionari costruiti in modi diversi (è raro conoscere tutti i dati del programma prima che il programma venga eseguito).

Il codice seguente, ad esempio, inizia con un dizionario vuoto e lo riempie una chiave alla volta. A differenza delle assegnazioni fuori limite negli elenchi, che sono vietate, le assegnazioni di nuove chiavi del dizionario creano quelle chiavi:

```
>>> D = {}
>>> D ['nome'] = 'Antonio' # Crea chiavi
per assegnazione
```

```
>>> D ['lavoro'] = 'ingegnere'
>>> D ['eta'] = 30
>>> D {'eta': 30, 'lavoro': 'ingegnere',
'nome': 'Antonio' }
>>> print (D ['nome'])
'Antonio'
```

In questo caso, stiamo effettivamente usando
le chiavi del dizionario come nomi di campo in
un record che descrive una persona. In altre
applicazioni, i dizionari possono essere
utilizzati anche per sostituire le operazioni di
ricerca: l'indicizzazione di un dizionario per
chiave è spesso il modo più veloce per
codificare una ricerca in Python.

Supponiamo, però, che le informazioni siano
più complesse. Forse abbiamo bisogno di
registrare un nome e un cognome, insieme a
più titoli per il lavoro. Questo porta a un'altra
applicazione della nidificazione degli oggetti di
Python.

Il seguente dizionario, codificato tutto in una volta come letterale, acquisisce informazioni più strutturate:

```
>>> rec = {'identita': {'nome':
'Antonio', 'cognome': 'Rossi'},
'lavoro': ['ingegnere', 'sviluppatore'],
'eta': 30}
```

Anche in questo caso abbiamo un dizionario a tre chiavi in alto (chiavi "identita", "lavoro" e "eta"), ma i valori sono diventati più complessi: un dizionario annidato per l'identità per supportare più parti e un elenco annidato per i lavori per supportare più ruoli ed espansioni future.

Possiamo accedere ai componenti di questa struttura come abbiamo fatto in precedenza per la nostra matrice basata su liste, ma questa volta la maggior parte degli indici sono chiavi di dizionario, non posizioni di una lista:

```
>>> rec ['identita'] # 'identita' è un
dizionario annidato
{'cognome': 'Rossi','nome':'Antonio'}
>>> rec ['identita']['nome'] # Indicizza
il dizionario annidato
'Antonio'
>>> rec ['lavoro'] # 'lavoro' è un
elenco annidato
[ 'ingegnere', 'sviluppatore']
>>> rec ['lavoro'] [- 1] # Indicizza
l'elenco annidato
'sviluppatore'
>>> rec ['lavoro'].append('leader') #
Espandi la descrizione del lavoro di
Antonio in posizione
>>> rec
{'eta': 30, 'lavoro': ['ingegnere',
'sviluppatore', 'leader'],'identita':
{'nome': 'Antonio', 'cognome': 'Rossi'}}
```

Nota come l'ultima operazione qui espande l'elenco dei lavori annidati: poiché l'elenco dei lavori è una parte di memoria separata dal dizionario che lo contiene, può crescere e ridursi liberamente. La vera ragione per mostrarti questo esempio è dimostrare la flessibilità dei principali tipi di dati in Python. Come puoi vedere, l'annidamento ci consente di rappresentare informazioni complesse in modo facile e diretto. La costruzione di una struttura simile in un linguaggio di basso livello come il C sarebbe più noiosa e richiederebbe molto più codice: dovremmo disporre e dichiarare strutture, array, compilare valori, collegare tutto insieme e così via.

In Python, questo è del tutto automatico: l'esecuzione crea per noi l'intera struttura di oggetti annidati. In effetti, questo è uno dei principali vantaggi dei linguaggi di scripting come Python. Altrettanto importante, in un linguaggio di basso livello è l'attenzione nel ripulire tutto lo spazio occupato dall'oggetto quando non ne abbiamo più bisogno. In Python, quando perdiamo l'ultimo riferimento all'oggetto, assegnando la sua variabile a qualcos'altro, per esempio, tutto lo spazio di memoria occupato dalla struttura di quell'oggetto viene automaticamente ripulito per noi:

```
>>> rec = 0 # Ora lo spazio dell'oggetto
viene recuperato automaticamente
```

Tecnicamente parlando, Python ha una funzionalità nota come garbage collection che ripulisce la memoria inutilizzata durante l'esecuzione del programma e ti esonera dal dover gestire tali dettagli nel tuo codice.

Tuple

L'oggetto tupla è più o meno come un elenco che non può essere modificato: le tuple sono sequenze come elenchi ma sono immutabili, come le stringhe. Funzionalmente, vengono utilizzate per rappresentare raccolte fisse di elementi: i mesi del calendario, ad esempio.

Sintatticamente, sono normalmente codificati tra parentesi tonde al posto delle parentesi quadre e supportano tipi arbitrari, annidamenti arbitrari e le consuete operazioni di sequenza:

```
>>> T = (1, 2, 3, 4) # Una tupla di 4
elementi

>>> len (T) # Lunghezza
4
>>> T + (5, 6) # Concatenazione
(1, 2, 3, 4, 5, 6)
>>> T [0] # Indicizzazione
1
```

Anche le tuple hanno metodi richiamabili e specifici per tipo ma non così tanti come gli elenchi:

```
>>> T.index(4)  # 4 appare all'offset 3
3
>>> T.count(4)  # 4 appare una volta
1
```

La distinzione principale per le tuple è che non possono essere modificate una volta create infatti sono sequenze immutabili (le tuple di un elemento come quella di seguito richiedono una virgola finale):

```
>>> T [0] = 2 # Le tuple sono
immutabili...
```

In caso di modifica di un valore avremmo questo errore: TypeError: 'tuple' object does not support item assignment.

```
>>> T = (2,) + T [1:] # Crea una nuova
tupla per un nuovo valore
>>> T
```

```
(2, 2, 3, 4)
```

Come elenchi e dizionari, le tuple supportano
tipi misti e annidamenti ma non crescono e
non si riducono in termini di dimensioni perché
sono immutabili:

```
>>> T = 'spam', 3.0, [11, 22, 33]
>>> T [1]
3.0
>>> T[2][1]
22
```

Considerate le loro specifiche, perché usare
le tuple? Ha senso avere un tipo che è come
un elenco, ma supporta meno operazioni? In
realtà, le tuple non sono usate così spesso
come le liste, ma la loro immutabilità è il punto
centrale.

Se si utilizza una raccolta di oggetti in un
programma come elenco, è possibile
modificarlo ovunque; se si usa una tupla, non
è possibile. Le tuple forniscono una sorta di

vincolo di integrità che è conveniente nei programmi molto grandi.

Verifica la tua preparazione

1. Cosa vuol dire immutabile e quali tipi di dati lo sono?
2. Cos'è una mappatura? E' possibile usarla per descrivere le componenti di un'automobile?
3. Scrivi un programma che utilizzi i tipi di dati appropriati per descrivere la tua stanza.

Capitolo 4: File e Set

File

Gli oggetti `File` sono l'interfaccia principale del codice Python per i file esterni presenti sul tuo computer. Possono essere utilizzati per leggere e scrivere testo, clip audio, documenti Excel, messaggi di posta elettronica e qualsiasi altra cosa che ti capita di memorizzare sulla tua macchina. I `File` sono un tipo di base, ma sono qualcosa di strano: non esiste una sintassi letterale specifica per crearli. Piuttosto, per creare un oggetto file, bisogna invocare la funzione incorporata `open`, passando nome file esterno e modalità di elaborazione come stringhe.

Ad esempio, per creare un file di output di testo, devi passare il suo nome e la stringa della modalità di elaborazione `'w'` per scrivere i dati:

```
>>> f = open ('data.txt', 'w') # Crea un
nuovo file in modalità output ('w'
indica write)
>>> f.write ('Hello \n') # Scrive
stringhe di caratteri
6
>>> f.write ('world \n') # Restituisce
il numero di elementi scritti
6
>>> f.close () # Scarica il buffer di
output su disco
```

Questo codice crea un file nella directory corrente e vi scrive del testo (il nome del file può essere il percorso completo della directory se è necessario accedere a un file posizionato altrove sul tuo computer).

Per rileggere ciò che hai appena scritto, riapri il file in modalità di elaborazione `'r'`, per leggere l'input di testo: questa è l'impostazione predefinita se ometti la modalità nella funzione.

Il contenuto di un file è sempre una stringa nel tuo script, indipendentemente dal tipo di dati che il file contiene:

```
>>> f = open ('data.txt') # 'r'
(lettura) è la modalità di elaborazione
predefinita
>>> text = f.read() # Legge l'intero
file in una stringa
>>> text
'Hello \nworld \n'
>>> print (text) # print interpreta i
caratteri di controllo (\n)
Hello
world
>>> text.split() # Il contenuto del file
è sempre una stringa
['Hello', 'world']
```

Altri metodi per oggetti File supportano funzionalità aggiuntive, ad esempio, ci sono più modi di leggere e scrivere (read accetta una dimensione massima di byte / carattere come valore opzionale, readline legge una riga alla volta).

In realtà, il modo migliore per leggere un file è non leggerlo affatto: i file forniscono un iteratore che legge automaticamente riga per riga nei cicli for e in altri contesti:

```
>>> for riga in open('data.txt'): print
(riga)
```

Prova ad eseguire questi comandi se vuoi subito una rapida anteprima, così come puoi eseguire una chiamata a dir su qualsiasi file aperto oppure help su uno qualsiasi dei nomi di metodi restituiti da dir:

```
>>> dir(f) [... 'buffer', 'close',
'closed', 'detach', 'encoding',
'errors', 'fileno', 'flush', 'isatty',
'line_buffering', 'mode', 'name',
'newlines', 'read', 'readable',
'readline', 'readlines', 'seek',
'seekable', 'tell', 'truncate',
'writable', 'write', 'writelines']
>>>help(f.seek)
```

...prova e vedrai...

Set

Da Python 2.4 è stato introdotto un nuovo tipo di raccolta, i `set`, una raccolta non ordinata di oggetti unici e immutabili che supporta operazioni corrispondenti alla teoria matematica degli insiemi. Per definizione, un elemento appare solo una volta in un set, indipendentemente da quante volte viene aggiunto. Di conseguenza, i set hanno una varietà di applicazioni, specialmente nel lavoro numerico e incentrato sul database.

Poiché gli insiemi sono raccolte di altri oggetti, condividono alcuni comportamenti con oggetti come elenchi e dizionari. Ad esempio, i set sono iterabili, possono crescere e ridursi su richiesta e possono contenere una varietà di tipi di oggetti. Come vedremo, un insieme si comporta in modo molto simile alle chiavi di un dizionario senza valore ma supporta operazioni extra.

Tuttavia, poiché gli insiemi non sono ordinati e non associano le chiavi ai valori, non sono né sequenze né mappature; sono una categoria di tipo a sé stante. Inoltre, poiché gli insiemi sono fondamentalmente di natura matematica, esploreremo qui l'utilità di base degli oggetti dell'insieme di Python.

In Python 3.X e 2.7 (deprecata ma ancora usata in molti sistemi), è possibile definire i set nei seguenti modi:

```
set ([1, 2, 3, 4])
{1, 2, 3, 4}
```

Questa sintassi ha senso, dato che gli insiemi sono essenzialmente come i dizionari ma senza valore e, poiché gli elementi di un insieme sono non ordinati, unici e immutabili, gli elementi si comportano in modo molto simile alle chiavi di un dizionario. Questa somiglianza operativa è ancora più sorprendente dato che gli elenchi di chiavi del dizionario sono *viste*, che supportano un comportamento simile a un insieme come intersezioni e unioni.

In tutte le versioni di Python, la sintassi `set` è ancora richiesta per creare insiemi vuoti e per costruire insiemi da oggetti iterabili esistenti.

Giochiamo un po' con gli insiemi:

```
>>> set([1, 2, 3, 4])
{1, 2, 3, 4}
>>> set('spam') # Aggiungi tutti gli
elementi in un iteratore
{'s', 'a', 'p', 'm'}
>>> {1, 2, 3, 4} # Sintassi alternativa
{1, 2, 3, 4}
>>> S = {'s', 'p', 'a', 'm'}
>>> S
{'s', 'a', 'p', 'm'}
>>> S.add('alot')
>>> S
{'s', 'a', 'p', 'alot', 'm'}
```

Trattandosi di insiemi, è possibile creare l'intersezione, l'unione e la differenza tra insiemi:

```
>>> S1 = {1, 2, 3, 4}
>>> S1 & {1, 3} # Intersezione
{1, 3}
>>> {1, 5, 3, 6} | S1 # Unione
{1, 2, 3, 4, 5, 6}
>>> S1 - {1, 3, 4} # Differenza
{2}
>>> S1> {1, 3} # Superset
True
```

Verifica la tua preparazione

1. Qual è l'impostazione predefinita per la modalità di elaborazione di un file per la funzione `open`?

2. Scrivi uno script che crei un nuovo file di output chiamato `prova.txt` contenente la stringa `"Questo è il mio primo file"`. Quindi scrivi un altro script che apra `prova.txt`, legga e stampi il suo contenuto in almeno due modi diversi. Esegui i tuoi due script dalla riga di comando del sistema. Il nuovo file viene visualizzato nella directory in cui hai eseguito gli script? Cosa succede se aggiungi un percorso di directory diverso al nome del file passato per la funzione `open`?

Capitolo 5: Funzioni e moduli

Funzioni

In termini semplici, una funzione raggruppa un insieme di istruzioni in modo che possano essere eseguite più di una volta in un programma: una procedura impacchettata ed invocata per nome.

Le funzioni possono anche calcolare un risultato e permetterci di specificare i parametri che servono come input della funzione, tali valori possono differire ogni volta che il codice viene eseguito. Codificare un'operazione come una funzione la rende uno strumento generalmente utile, che possiamo usare in una varietà di contesti diversi.

Fondamentalmente, le funzioni sono l'alternativa alla programmazione copia e incolla: invece di avere più copie ridondanti del codice, possiamo scomporlo in un'unica funzione. Così facendo riduciamo radicalmente il nostro lavoro futuro: se l'operazione deve essere modificata in un secondo momento, abbiamo solo una copia da aggiornare della funzione e non diverse copie sparse nel programma.

Le funzioni sono anche la struttura di programma più basilare che Python fornisce per massimizzare il riutilizzo del codice e ci portano alle nozioni più ampie di progettazione del software. Come vedremo, le funzioni ci consentono di suddividere sistemi complessi in parti gestibili, scomponendo i problemi. Implementando ogni parte come una funzione, la rendiamo sia riutilizzabile che più facile da codificare.

Prima di entrare nei dettagli, stabiliamo un quadro chiaro di cosa trattano le funzioni. Le funzioni sono un metodo di strutturazione del programma quasi universale. Potresti averle già incontrate prima in altri linguaggi, dove potrebbero essere stati chiamate subroutine o procedure.

Come nella maggior parte dei linguaggi di programmazione, le funzioni Python sono il modo più semplice per impacchettare la logica che potresti voler usare in più di un posto e più di una volta. Fino ad ora, tutto il codice che abbiamo scritto è stato eseguito immediatamente, le funzioni ci consentono di raggruppare e generalizzare il codice da utilizzare arbitrariamente diverse volte in seguito.

Poiché ci consentono di codificare un'operazione in un unico posto e di usarla dove necessario, le funzioni Python sono lo strumento di factoring più basilare nel linguaggio: ci consentono di ridurre la ridondanza del codice nei nostri programmi e quindi ridurre lo sforzo di manutenzione.

Facciamo un esempio, per fare una pizza da zero, dovresti iniziare mescolando l'impasto, stenderlo, aggiungere i condimenti, cuocerlo e così via. Se stai programmando un robot che faccia la pizza, le funzioni potrebbero aiutare a dividere il compito generale di "fare la pizza" in blocchi, una funzione per ogni attività dell'intero processo.

È più facile implementare le attività più piccole isolatamente rispetto ad implementare l'intero processo in una sola volta. In generale, le funzioni riguardano la procedura: come fare qualcosa, piuttosto che "per cosa la stai facendo".

Come vedrai, le funzioni non implicano molta nuova sintassi, ma ci portano ad alcune idee di programmazione più grandi ed importanti.

Scriviamo un primo esempio reale per dimostrare le basi. Come vedrai, ci sono due fasi per una funzione: una definizione (la def che crea una funzione) e una chiamata (espressione che dice a Python di eseguire il corpo della funzione).

Ecco una definizione digitata in modo interattivo che definisce una funzione chiamata moltiplica, che restituisce il prodotto dei suoi due argomenti:

```
>>> def moltiplica (x, y): # Crea e
assegna funzione
... return x * y # Corpo da eseguire
quando invocata
```

Quando Python raggiunge ed esegue questo def, crea un nuovo oggetto funzione che impacchetta il codice della funzione e assegna l'oggetto al nome `moltiplica`. In genere, tale istruzione è codificata in un file di modulo e viene eseguita quando il file allegato viene importato; per qualcosa di così piccolo, però, la shell interattiva è sufficiente.

L'istruzione `def` crea una funzione ma non la invoca. Dopo che `def` è stato eseguito, puoi chiamare (eseguire o invocare) la funzione nel tuo programma aggiungendo parentesi dopo il nome della funzione. Le parentesi possono opzionalmente contenere uno o più argomenti da passare (assegnare) ai nomi nell'intestazione della funzione:

```
>>> moltiplica (2, 4) # Argomenti tra
parentesi
8
```

Questa espressione passa due argomenti a `moltiplica`. Come accennato in precedenza, gli argomenti vengono passati per assegnazione, quindi in questo caso al nome

x nell'intestazione della funzione viene assegnato il valore 2, a y viene assegnato il valore 4 e il corpo della funzione viene eseguito. Per questa funzione, il corpo è solo un'istruzione `return` che restituisce il risultato come valore dell'espressione di chiamata.

L'oggetto restituito è stato stampato qui in modo interattivo (come nella maggior parte dei linguaggi, 2 * 4 è 8 in Python) ma se avessimo bisogno di usarlo in seguito potremmo invece assegnarlo a una variabile. Ad esempio:

```
>>> x = moltiplica(3.14, 4) # Salva
l'oggetto risultato
>>> x
12.56
```

Ora, guarda cosa succede quando la funzione viene chiamata una terza volta, con tipi di oggetti diversi passati in input:

```
>>> moltiplica('Ni', 4) # Le funzioni
sono "senza tipo"
'NiNiNiNi'
```

Questa volta, la nostra funzione assume un significato completamente diverso. In questa terza chiamata, una stringa e un numero intero vengono passati a x e y, al posto dei due numeri. Ricorda che $*$ funziona sia su numeri che su sequenze; poiché non dichiariamo mai i tipi di variabili, argomenti o valori restituiti in Python, possiamo usare `moltiplica` per moltiplicare numeri o ripetere stringhe.

In altre parole, `moltiplica` funziona in base a ciò che gli passiamo. Questa è un'idea fondamentale in Python (e forse la chiave per usare bene tale linguaggio).

Moduli

Un modulo Python è l'unità di organizzazione del programma di livello più alto, che impacchetta codice e dati del programma per il riutilizzo e fornisce *namespace* autosufficienti che riducono al minimo i conflitti di nomi di variabili tra i programmi. In termini concreti, i moduli corrispondono tipicamente ai file di programma Python.

Ogni file è un modulo e i moduli importano altri moduli per utilizzare i nomi che definiscono. I moduli potrebbero anche corrispondere a estensioni codificate in linguaggi esterni come C, Java o C# e persino a directory nelle importazioni di pacchetti. I moduli vengono elaborati con due istruzioni e una funzione importante:

- `import`: consente a un client di recuperare un modulo nel suo insieme
- `from`: consente ai client di recuperare nomi particolari da un modulo
- `imp.reload`: fornisce un modo per ricaricare il codice di un modulo senza fermare l'esecuzione di Python.

Esaminiamo le basi dei moduli per offrire uno sguardo generale al ruolo dei moduli nella struttura generale del programma. Poiché i moduli e le classi sono in realtà solo namespace glorificati, qui formalizzeremo anche i concetti del namespace (o spazio dei nomi).

Perché utilizzare i moduli? In breve, i moduli forniscono un modo semplice per organizzare i componenti in un sistema fungendo da pacchetti autonomi di variabili, noti come namespace. Tutti i nomi definiti al livello superiore di un modulo diventano attributi dell'oggetto modulo importato.

I moduli di Python ci consentono di collegare singoli file in un software più ampio. Più specificamente, i moduli hanno almeno tre ruoli: riutilizzo del codice, partizionamento del namespace e implementazione di servizi o dati condivisi.

I moduli, infatti, consentono di salvare il codice all'interno di file in modo permanente. A differenza del codice digitato al prompt interattivo di Python, che scompare quando termina la sessione, il codice nei file del modulo è persistente: può essere ricaricato e rieseguito tutte le volte che è necessario.

Altrettanto importante, i moduli sono un luogo per definire i nomi, noti come attributi, a cui possono fare riferimento più client esterni. Se utilizzato correttamente, supporta un design di programma modulare che raggruppa le funzionalità in unità riutilizzabili.

I moduli sono anche l'unità di organizzazione del programma di livello più alto in Python e, sebbene siano fondamentalmente solo pacchetti di nomi, essi sono anche autonomi: non è mai possibile vedere un nome in un altro file, a meno che non si importi esplicitamente quel file. Questo aiuta ad evitare conflitti di nomi tra i programmi e, in effetti, non puoi evitare questa caratteristica: tutto "vive" in un modulo, sia il codice che esegui sia gli oggetti che crei sono sempre implicitamente racchiusi nei moduli. Per questo motivo, i moduli sono strumenti naturali per raggruppare le componenti di un sistema.

Da un punto di vista operativo, i moduli sono utili anche per implementare componenti condivise in un sistema, che richiedono quindi solo una singola copia. Ad esempio, se è necessario fornire un oggetto globale utilizzato da più di una funzione o file, è possibile codificarlo in un modulo che può quindi essere importato da molti client.

Finora in questo libro, ho addolcito parte della complessità nelle mie descrizioni dei programmi Python. In pratica, i programmi di solito coinvolgono più di un file. Tranne gli script più semplici, i vostri programmi assumeranno la forma di sistemi a più file. Anche se riesci a cavartela con la codifica di un singolo file da solo, quasi sicuramente finirai per utilizzare file esterni che qualcun altro ha già scritto per te.

Python promuove una struttura di programma modulare che raggruppa le funzionalità in unità coerenti e riutilizzabili, in modi naturali e quasi automatici.

Come strutturare un programma? A un livello base, un programma Python è costituito da file di testo contenenti istruzioni Python, con un file principale di primo livello e zero o più file supplementari noti come moduli. Il file di primo livello (noto anche come script) contiene il flusso principale di controllo del programma: questo è il file che esegui per avviare l'applicazione.

I file del modulo sono librerie di strumenti che servono per raccogliere i componenti utilizzati dal file di primo livello e possibilmente altrove. I file di primo livello utilizzano strumenti definiti nei file di modulo, mentre i moduli utilizzano strumenti definiti in altri moduli.

Sebbene siano anche file di codice, i file dei moduli generalmente non fanno nulla quando vengono eseguiti direttamente; piuttosto, definiscono strumenti destinati all'uso in altri file. Un file importa un modulo per ottenere l'accesso agli strumenti che definisce, noti come attributi: nomi di variabili associati a oggetti come le funzioni. Infine, importiamo i moduli e accediamo ai loro attributi per utilizzare i loro strumenti.

Supponiamo di avere la struttura di un programma Python composto da tre file: `a.py`, `b.py` e `c.py`. Il file `a.py` viene scelto come file di primo livello; sarà un semplice file di testo di istruzioni, che viene eseguito dall'alto verso il basso quando viene lanciato.

I file `b.py` e `c.py` sono moduli; semplici file di testo di istruzioni ma di solito non vengono avviati direttamente. I moduli vengono normalmente importati da altri file che desiderano utilizzare gli strumenti definiti dai moduli. Ad esempio, supponiamo che il file `b.py` definisca una funzione chiamata `spam`, per uso esterno. In questo caso, `b.py` conterrà un'istruzione `def` di Python per generare la funzione, che potrai successivamente eseguire passando zero o più valori tra parentesi dopo il nome della funzione:

```
def spam(text): # File b.py
    print(text, 'spam')
```

Ora, supponiamo che a.py voglia usare spam. A tal fine, potrebbe contenere istruzioni Python come le seguenti:

```
import b # File a.py
b.spam('questo è') # Stampa "questo è
spam"
```

La prima di queste, un'istruzione import Python, fornisce al file a.py accesso a tutto ciò che è definito dal codice di primo livello nel file b.py. Il codice import b significa più o meno: carica il file b.py (a meno che non sia già caricato) e dammi l'accesso a tutti i suoi attributi tramite il nome b.

Per soddisfare tali obiettivi, le istruzioni `import` vengono eseguite e caricano altri file su richiesta. Più formalmente, in Python, il collegamento di moduli tra file non viene risolto finché tali istruzioni per l'importazione non vengono eseguite in fase di esecuzione; il loro effetto finale è quello di assegnare nomi di modulo - variabili semplici come `b` - agli oggetti modulo caricati.

Infatti, il nome del modulo utilizzato in un'istruzione di importazione ha due scopi: identifica il file esterno da caricare ma diventa anche una variabile assegnata al modulo caricato. Allo stesso modo, anche gli oggetti definiti da un modulo vengono creati in fase di run-time, mentre l'importazione è in esecuzione: `import` esegue letteralmente le istruzioni nel file di destinazione una alla volta per creare il suo contenuto.

Lungo il percorso, ogni nome assegnato al livello superiore del file diventa un attributo del modulo, accessibile agli "importatori". Ad esempio, la seconda delle istruzioni in `a.py` chiama la funzione `spam` definita nel modulo `b`, creata eseguendo l'istruzione `def` durante l'importazione, utilizzando la notazione dell'attributo oggetto. Il codice `b.spam` significa: recupera il valore del nome `spam` che risiede all'interno dell'oggetto `b`.

Questa è una funzione richiamabile nel nostro esempio, quindi passiamo una stringa tra parentesi (`"questo è"`). Se digiti effettivamente questi file, li salvi ed esegui `a.py`, verrà stampata la frase `"questo è spam"`.

Anche la nozione di importazione è completamente generale in Python infatti qualsiasi file può importare strumenti da qualsiasi altro file. Ad esempio, il file `a.py` può importare `b.py` per chiamare la sua funzione ma `b.py` potrebbe anche importare `c.py` per sfruttare diversi strumenti definiti in quest'ultimo.

Le catene di importazione possono andare in profondità quanto vuoi: ad esempio, il modulo `a` può importare `b`, che può importare `c`, che può importare di nuovo `b`, e così via. Oltre a servire come struttura organizzativa più elevata, i moduli sono anche il più alto livello di riutilizzo del codice in Python. La codifica dei componenti nei file dei moduli li rende utili nel programma originale e in qualsiasi altro programma che potresti scrivere in seguito.

Ad esempio, se dopo aver codificato il programma precedente scopriamo che la funzione `b.spam` è uno strumento generico, possiamo riutilizzarlo in un programma completamente diverso; tutto quello che

dobbiamo fare è importare di nuovo il file `b.py`
nell'altro programma.

Verifica la tua preparazione

1. Scrivi un programma che conti le righe ed i caratteri in un file. Con il tuo editor di testo, codifica un modulo Python chiamato `miomodulo.py` che esporta: una funzione `contaRighe(nomeFile)` che legge un file di input e conta il numero di righe in esso, una funzione `contaCaratteri(nomeFile)` che legge un file di input e conta il numero di caratteri in esso ed una funzione `test(nomeFile)` che invoca entrambe le funzioni di conteggio con un dato nome di file come input. Tutte e tre le funzioni dovrebbero aspettarsi che venga passata una stringa come nome del file. Ogni funzione non dovrebbe essere più lunga di due o tre righe. Successivamente, prova il tuo modulo

in modo interattivo, utilizzando `import` per recuperare le tue funzioni.

Capitolo 6: OOP

Classi

Finora in questo libro abbiamo utilizzato genericamente il termine "oggetto". In realtà, il codice scritto fino a questo punto è stato basato su oggetti: abbiamo passato oggetti ai nostri script, li abbiamo usati nelle espressioni, chiamato i loro metodi e così via. Affinché il nostro codice si qualifichi come veramente orientato agli oggetti (OOP), tuttavia, i nostri oggetti dovranno generalmente partecipare anche a qualcosa chiamato gerarchia di ereditarietà.

Le classi sono il principale strumento di programmazione orientata agli oggetti (OOP) di Python, quindi in questa parte del libro esamineremo anche le basi dell'OOP. OOP offre un modo di programmazione diverso e spesso più efficace, in cui prendiamo in considerazione il codice per ridurre al minimo la ridondanza e scriviamo nuovi programmi personalizzando il codice esistente invece di modificarlo all'origine.

In Python, le classi vengono create con una nuova istruzione: `class`. Come vedrai, gli oggetti definiti con le classi possono assomigliare molto ai tipi incorporati che abbiamo studiato in precedenza nel libro. Le classi, tuttavia, sono progettate per creare e gestire nuovi oggetti e supportare l'ereditarietà, un meccanismo di personalizzazione e riutilizzo del codice al di sopra e al di là di qualsiasi cosa vista finora.

Una nota in anticipo: in Python, l'OOP è del tutto facoltativo e non è necessario utilizzare le classi. È possibile svolgere molto lavoro con costrutti più semplici come funzioni o anche semplice codice di script di primo livello.

Tuttavia, come vedrai in questa parte del libro, le classi risultano essere uno degli strumenti più utili forniti da Python. Se usate bene, le classi possono effettivamente ridurre drasticamente i tempi di sviluppo.

Sono impiegate in strumenti Python molto popolari come l'API GUI di tkinter, quindi la maggior parte dei programmatori Python troverà utile almeno una conoscenza pratica delle nozioni di base della classe.

Perché usare le classi? In termini semplici, le classi sono solo un modo per definire nuovi tipi di cose, che riflettono oggetti reali nel dominio di un programma. Ad esempio, supponiamo di implementare quell'ipotetico robot per la pizza che abbiamo usato come esempio nei capitoli precedenti. Se lo implementiamo usando le classi, possiamo modellare più della sua struttura e delle relazioni del mondo reale.

Due aspetti dell'OOP si dimostrano utili in questo caso: ereditarietà e composizione.

I robot per la produzione di pizza sono tipi di robot, quindi possiedono le solite proprietà dei robot. In termini OOP, diciamo che "ereditano" proprietà dalla categoria generale di tutti i robot e queste proprietà comuni devono essere implementate solo una volta per il caso generale e possono essere riutilizzate da parte o completamente da tutti i tipi di robot che potremmo costruire in futuro.

I robot per la pizza sono in realtà raccolte di componenti che lavorano insieme come una squadra. Ad esempio, affinché il nostro robot abbia successo, potrebbero essere necessarie delle "braccia" per stendere l'impasto, motori per manovrare la pala nel forno e così via. Nel linguaggio OOP, il nostro robot è un esempio di composizione cioè contiene altri oggetti che attiva per eseguire le sue azioni.

Ogni componente potrebbe essere codificata come una classe, che definisce il proprio comportamento e le proprie relazioni.

Idee generali dell'OOP come ereditarietà e composizione si applicano a qualsiasi software che può essere scomposto in un insieme di oggetti. Ad esempio, nei tipici sistemi GUI, le interfacce sono scritte come raccolte di widget (pulsanti, etichette e così via) che vengono tutti disegnati quando viene disegnato il loro contenitore (composizione). Potremmo essere in grado di scrivere i nostri widget personalizzati - pulsanti con caratteri particolari, etichette con nuovi schemi di colori ecc. - che sono versioni specializzate di dispositivi di interfaccia più generali (ereditarietà).

Da una prospettiva di programmazione più concreta, le classi sono unità di programma Python, proprio come funzioni e moduli.

In effetti, le classi definiscono anche nuovi namespace, proprio come i moduli. Tuttavia, rispetto ad altre unità di programma che abbiamo già visto, le classi hanno tre distinzioni fondamentali che le rendono più utili quando si tratta di costruire nuovi oggetti:

- istanze multiple
- personalizzazione tramite ereditarietà
- overloading degli operatori

Le classi sono essenzialmente delle fabbriche per la generazione di uno o più oggetti. Ogni volta che chiamiamo una classe, generiamo un nuovo oggetto con namespace distinto. Ogni oggetto generato da una classe ha accesso agli attributi della classe stessa e ottiene un proprio namespace per i dati, pertanto, le classi offrono una soluzione di programmazione completa.

Le classi supportano le nozioni di eredità OOP, infatti, possiamo estendere una classe ridefinendo i suoi attributi al di fuori della classe stessa in nuovi componenti software codificati come sottoclassi. Più in generale, le classi possono creare gerarchie di namespace, che definiscono i nomi che devono essere utilizzati dagli oggetti creati dalle classi nella gerarchia. Questo supporta comportamenti personalizzabili in modo più diretto rispetto ad altri strumenti.

Fornendo metodi di protocollo speciali, le classi possono definire oggetti che rispondono al tipo di operazioni che abbiamo visto al lavoro sui tipi incorporati. Ad esempio, gli oggetti creati con le classi possono essere suddivisi, concatenati, indicizzati e così via. Python fornisce degli *hook* che le classi possono usare per intercettare e implementare qualsiasi operazione di tipo integrata.

Alla sua base, il meccanismo di OOP in Python è riconducibile ad un argomento speciale nelle funzioni (per ricevere l'oggetto di una chiamata) e alla ricerca di attributi di ereditarietà (per supportare la programmazione tramite personalizzazione). Oltre a questo, il modello OOP è in gran parte costituito da funzioni che alla fine elaborano tipi integrati.

Sebbene non sia radicalmente nuovo, tuttavia, OOP aggiunge un ulteriore livello di struttura che supporta una programmazione migliore rispetto ai modelli procedurali tipici. Insieme agli strumenti funzionali che abbiamo incontrato in precedenza, rappresenta un importante passo di astrazione rispetto all'hardware del computer che ci aiuta a creare programmi più complessi.

Verifica la tua preparazione

1. Su cosa si basa la programmazione OOP?

2. Quali sono le caratteristiche di una classe? In cosa si differenzia dalle strutture esaminate in precedenza?

Capitolo 7: Iteratori

Al fine di poter iterare (o ciclare) su una serie di elementi è fondamentale conoscere e saper usare gli iteratori. In realtà, il ciclo `for` risulta essere molto generico e versatile: funziona su qualsiasi oggetto iterabile. Il concetto di "oggetti iterabili" è relativamente recente in Python ma è arrivato a permeare il design del linguaggio.

È essenzialmente una generalizzazione della nozione di sequenze: un oggetto è considerato iterabile se è una sequenza memorizzata fisicamente o un oggetto che produce un risultato alla volta nel contesto di uno strumento di iterazione come un ciclo `for`. In un certo senso, gli oggetti iterabili includono sia sequenze fisiche che sequenze virtuali calcolate a richiesta.

```
>>> for x in [1, 2, 3, 4]: print(x ** 2,
end=' ')
... 1 4 9 16
>>> for x in (1, 2, 3, 4): print(x ** 3,
end=' ')
... 1 8 27 64
>>> for x in 'spam': print(x * 2, end='
')
... ss pp aa mm
```

Oltre ai file e alle sequenze fisiche come gli elenchi, anche altri tipi hanno iteratori utili. Il modo classico per scorrere le chiavi di un dizionario, ad esempio, è il seguente:

```
>>> D = {'a':1, 'b':2, 'c':3}
>>> for chiave in D:
...     print(chiave, D[chiave])
a 1
b 2
c 3
```

Anche le stringhe sono oggetti iterabili, contengono una sequenza di caratteri:

```
>>> for carattere in "prova":
...     print(carattere)
p
r
```

o
v
a

Con l'istruzione `break` possiamo interrompere il ciclo anticipatamente, come si evince dall'esempio:

```
>>> for ruolo in ['dev', 'dev-ops',
'leader']:
... if (ruolo == 'dev-ops'): break
...print(ruolo)

dev
```

Come vedi l'istruzione `break` interrompe il ciclo al secondo elemento quindi non si procede alla valutazione della stringa `'leader'`.

Verifica la tua preparazione

1. Crea una funzione che restituisca la somma dei numeri da 1 a 5.
2. Crea una funzione che, data una lista, restituisca la somma di tutti i numeri pari.

Java

Premessa

Questo libro riguarda il linguaggio e l'ambiente di programmazione Java. Che tu sia uno sviluppatore di software o semplicemente qualcuno che utilizza Internet nella tua vita quotidiana, hai senza dubbio sentito parlare di Java. La sua introduzione è stata uno degli sviluppi più interessanti nella storia del web e le applicazioni Java hanno alimentato gran parte della crescita del business su Internet.

Java è, probabilmente, il linguaggio di programmazione più popolare al mondo, utilizzato da milioni di sviluppatori su quasi tutti i tipi di computer immaginabili. Java ha superato linguaggi come C++ e Visual Basic in termini di domanda degli sviluppatori ed è diventato di fatto il linguaggio per certi tipi di sviluppo, specialmente per i servizi basati sul web.

La maggior parte delle università ora utilizza Java nei loro corsi introduttivi insieme ad altri importanti linguaggi moderni e forse stai usando questo libro proprio per questo scopo!

Questo libro fornisce una base sui fondamenti di Java. Abbiamo tentato di essere all'altezza del suo nome mappando il linguaggio Java e le sue librerie di classi, tecniche di programmazione e idiomi. Approfondiremo le aree di interesse e vedremo almeno alcuni argomenti popolari.

Quando possibile, forniamo esempi convincenti, realistici e divertenti ed evitiamo la semplice enunciazione di teoria che porta ad una perdita di attenzione da parte di chi legge. Gli esempi saranno anche semplici, ma suggeriscono cosa si può fare.

Non svilupperemo una fantastica "app killer" in queste pagine, ma speriamo di darvi un punto di partenza per molte ore di sperimentazione e programmazione, in modo da ispirarti a sviluppare una app con quello che hai appreso.

Questo libro è per professionisti informatici, studenti, tecnici e hacker. È per tutti coloro che hanno bisogno di esperienza pratica con il linguaggio Java con un occhio alla creazione di applicazioni reali. Questo libro potrebbe anche essere considerato un corso intensivo di programmazione orientata agli oggetti e man mano che impari a conoscere Java, imparerai anche un approccio pratico e potente allo sviluppo del software, iniziando con una profonda comprensione dei fondamenti di Java e delle sue API.

In superficie, Java assomiglia a C o C++, quindi avrai un piccolo vantaggio nell'utilizzo di questo libro se hai una certa esperienza con uno di questi linguaggi. Se non li hai mai usati, non preoccuparti. Non fare troppe somiglianze sintattiche tra Java e C o C++. Per molti aspetti, Java si comporta come linguaggi più dinamici come Smalltalk e Lisp.

La conoscenza di un altro linguaggio di programmazione orientato agli oggetti dovrebbe sicuramente aiutare, anche se potresti dover cambiare alcune idee o dimenticare alcune abitudini, infatti, Java è notevolmente più semplice di linguaggi come C++ e Smalltalk. Se impari bene da esempi concisi e sperimentazioni personali, pensiamo che questo libro ti piacerà.

Capitolo 1: Perché Java?

Le sfide più grandi e le opportunità più entusiasmanti per gli sviluppatori di software oggi risiedono nello sfruttare la potenza delle reti. Le applicazioni create oggi, qualunque sia l'ambito o il pubblico previsto, quasi certamente funzioneranno su macchine collegate da una rete globale di risorse di elaborazione.

La crescente importanza delle reti sta ponendo nuove richieste agli strumenti esistenti e sta alimentando la domanda di un elenco in rapida crescita di tipi di applicazioni completamente nuovi. Vogliamo un software che funzioni in modo coerente, ovunque e su qualsiasi piattaforma e che funzioni bene con altre applicazioni. Vogliamo applicazioni dinamiche che traggano vantaggio da un mondo connesso, in grado di accedere a fonti di informazioni disparate e distribuite. Vogliamo un software realmente distribuito che possa essere esteso e aggiornato senza problemi. Vogliamo applicazioni intelligenti che possano vagare per la Rete per noi, scovare informazioni e fungere da emissari elettronici.

Sappiamo da tempo che tipo di software vogliamo, ma è solo negli ultimi anni che abbiamo iniziato a ottenerlo. Il problema, storicamente, è stato che gli strumenti per costruire queste applicazioni non sono stati all'altezza. I requisiti di velocità e portabilità sono stati, per la maggior parte, mutuamente esclusivi e la sicurezza è stata ampiamente ignorata o fraintesa.

In passato, i linguaggi veramente portatili erano ingombranti, interpretati e lenti. Questi linguaggi erano popolari tanto per la loro funzionalità di alto livello quanto per la loro portabilità. Alcuni linguaggi di solito fornivano velocità legandosi a piattaforme particolari, quindi soddisfacevano il problema della portabilità solo a metà.

Java è un linguaggio moderno che affronta tutti e tre questi fronti: portabilità, velocità e sicurezza. Questo è il motivo per cui rimane dominante nel mondo della programmazione da più di due decenni dopo la sua introduzione. Il linguaggio di programmazione Java, sviluppato presso Sun Microsystems sotto la guida dei luminari della rete James Gosling e Bill Joy, è stato progettato per essere un linguaggio di programmazione indipendente dalla macchina, abbastanza sicuro per attraversare le reti e abbastanza potente da sostituire il codice eseguibile nativo.

Java ha affrontato le questioni viste fin qui e ha svolto un ruolo da protagonista nella crescita di Internet, portandola al punto in cui siamo oggi. Inizialmente, la maggior parte dell'entusiasmo per Java era incentrato sulle sue capacità di creare applicazioni integrate per il web, chiamate applet. Ma all'inizio, le applet e altre applicazioni GUI lato client scritte in Java erano limitate. Oggi, Java ha Swing che è un sofisticato toolkit per la creazione di interfacce utente grafiche.

Questo sviluppo ha consentito a Java di diventare una piattaforma praticabile per lo sviluppo di software applicativo lato client tradizionale, sebbene siano entrati molti altri contendenti in questo campo. Di ancor più importanza, tuttavia, Java è diventata fondamentale per applicazioni e servizi web basati sul web. Queste applicazioni utilizzano tecnologie tra cui Servlet API Java, servizi

Web Java e molti popolari server e framework basati su Java, sia commerciali che open source. La portabilità e la velocità di Java lo rendono la piattaforma ideale per le moderne applicazioni aziendali. I server Java in esecuzione su piattaforme Linux open source sono al centro del mondo finanziario e degli affari di oggi.

Questo libro ti mostrerà come utilizzare Java per eseguire attività di programmazione nel mondo reale. Nei prossimi capitoli tratteremo diversi temi, cercando di fornire tutte le informazioni di cui hai bisogno in questo momento.

Capitolo 2: Come funziona?

Java è sia un linguaggio compilato che interpretato. Il codice sorgente Java viene trasformato in semplici istruzioni binarie, proprio come il normale codice macchina del microprocessore. Tuttavia, mentre il codice sorgente C o C++ è ridotto a istruzioni native per un particolare modello di processore, il sorgente Java è compilato in un formato universale: istruzioni per una macchina virtuale (VM).

Il bytecode Java compilato viene eseguito da un interprete di runtime Java. Il sistema runtime esegue tutte le normali attività di un processore hardware, ma lo fa in un ambiente virtuale sicuro. Esegue un set di istruzioni basato su stack e gestisce la memoria come un sistema operativo. Crea e manipola tipi di dati primitivi, carica e richiama blocchi di codice a cui si è fatto riferimento di recente. Ancora più importante, fa tutto questo in conformità con una specifica rigorosamente definita che può essere implementata da chiunque desideri produrre una macchina virtuale conforme a Java. Insieme, la macchina virtuale e la definizione del linguaggio forniscono una specifica completa. Non ci sono funzioni del linguaggio Java di base lasciate indefinite o dipendenti dall'implementazione. Ad esempio, Java specifica le dimensioni e le proprietà matematiche di tutti i suoi tipi di dati primitivi piuttosto che lasciar decidere ciò all'implementazione della piattaforma.

L'interprete Java è relativamente leggero e piccolo; può essere implementato in qualsiasi forma sia desiderabile per una particolare piattaforma. L'interprete può essere eseguito come un'applicazione separata o può essere incorporato in un altro software, come un browser web. Tutto ciò significa che il codice Java è implicitamente portabile. Lo stesso bytecode dell'applicazione Java può essere eseguito su qualsiasi piattaforma che fornisce un ambiente di runtime Java. Non devi produrre versioni alternative della tua applicazione per piattaforme diverse e non devi distribuire il codice sorgente agli utenti finali.

Le classi

L'unità fondamentale del codice Java è la classe. Come in altri linguaggi orientati agli oggetti, le classi sono delle componenti dell'applicazione che contengono codice e dati eseguibili. Le classi Java compilate sono distribuite in un formato binario universale che contiene il bytecode Java e altre informazioni sulla classe. Le classi possono essere gestite in modo discreto e archiviate in file o archivi locali o su un server di rete. Le classi vengono individuate e caricate dinamicamente in fase di esecuzione in quanto sono necessarie per un'applicazione.

Oltre al sistema runtime specifico della piattaforma, Java ha un numero di classi fondamentali che contengono metodi dipendenti dall'architettura. Questi metodi nativi fungono da gateway tra la Java Virtual Machine e il mondo reale. Sono implementati in un linguaggio compilato in modo nativo sulla piattaforma host e forniscono un accesso di basso livello a risorse come la rete, il sistema a finestre e il file system host. La stragrande maggioranza di Java, tuttavia, è scritta in Java stesso, avviata con queste primitive di base, ed è quindi portabile. Ciò include strumenti Java fondamentali come il compilatore Java, il networking e le librerie GUI, che sono anche scritte in Java e sono quindi disponibili su tutte le piattaforme Java esattamente allo stesso modo senza necessità di effettuare un porting.

Storicamente, gli interpreti sono stati considerati lenti ma Java non è un linguaggio interpretato in modo classico. Oltre a compilare il codice sorgente fino al bytecode portabile, Java è stato progettato con cura in modo che le implementazioni software del sistema a runtime possano ulteriormente ottimizzare le loro prestazioni compilando al volo il bytecode in codice macchina nativo. Questa tecnica è chiamata just-in-time (JIT) o compilazione dinamica. Con la compilazione JIT, il codice Java può essere eseguito velocemente come il codice nativo e mantenere la sua trasportabilità e sicurezza.

Questo è un punto spesso frainteso tra coloro che vogliono confrontare le prestazioni dei linguaggi di programmazione. C'è solo un punto a sfavore per le prestazioni Java: il controllo dei limiti dell'array. Tutto il resto può essere ottimizzato per il codice nativo proprio come può essere fatto con un linguaggio compilato staticamente. Oltre a ciò, il linguaggio Java include più informazioni strutturali rispetto a molti altri linguaggi, fornendo più tipi di ottimizzazioni. Ricorda inoltre che queste ottimizzazioni possono essere effettuate in fase di esecuzione, tenendo conto del comportamento e delle caratteristiche dell'applicazione effettiva. Cosa si può fare in fase di compilazione che non può essere fatto meglio in fase di runtime? Bene, c'è un compromesso: il tempo.

Il problema con una compilazione JIT tradizionale è che l'ottimizzazione del codice richiede tempo, quindi un compilatore JIT può produrre risultati decenti, ma potrebbe subire una latenza significativa per l'avvio dell'applicazione. Questo in genere non è un problema per le applicazioni lato server, ma è un problema serio per il software e le applicazioni lato client che vengono eseguite su dispositivi più piccoli con capacità limitate. Per risolvere questo problema, la tecnologia del compilatore di Java, chiamata HotSpot, utilizza un trucco chiamato compilazione adattiva. Se guardi come i programmi impiegano effettivamente il loro tempo, scoprirai che spendono quasi tutto il loro tempo eseguendo una parte relativamente piccola del codice più volte.

Il pezzo di codice che viene eseguito ripetutamente può essere solo una piccola parte del programma totale, ma il suo comportamento determina le prestazioni complessive del programma. La compilazione adattiva consente inoltre al runtime Java di sfruttare nuovi tipi di ottimizzazioni che semplicemente non possono essere eseguite in un linguaggio compilato staticamente, da qui l'affermazione che il codice Java può essere eseguito più velocemente di C / C++ in alcuni casi.

Per trarre vantaggio da questo fatto, è stato creato HotSpot che sembra un normale interprete di bytecode Java ma con una differenza: misura (profila) il codice mentre è in esecuzione per vedere quali parti vengono eseguite ripetutamente. Nel momento in cui sa quali parti del codice sono cruciali per le prestazioni, HotSpot compila quelle sezioni in codice macchina nativo ed ottimale. Poiché compila solo una piccola parte del programma in codice macchina, può permettersi il tempo necessario per ottimizzare quelle parti. Il resto del programma potrebbe non aver bisogno di essere compilato affatto, ma solo interpretato, risparmiando memoria e tempo. Infatti, la Java VM può essere eseguita in una delle due modalità: client e server, che determinano se enfatizzare l'avvio rapido e la conservazione della memoria o le prestazioni. A partire da Java 9, puoi anche utilizzare la compilazione Ahead-of-Time (AOT) se è necessario ridurre al minimo il tempo di avvio dell'applicazione è davvero importante.

Una domanda naturale da porsi a questo punto è: perché buttare via tutte queste buone informazioni sulla profilazione ogni volta che un'applicazione termina? Ebbene, Sun ha parzialmente affrontato questo argomento con il rilascio di Java 5.0 attraverso l'uso di classi condivise di sola lettura che vengono memorizzate in modo persistente in una forma ottimizzata. Ciò ha ridotto significativamente sia il tempo di avvio che il sovraccarico dell'esecuzione di molte applicazioni Java su una determinata macchina. La tecnologia per farlo è complessa, ma l'idea è semplice: ottimizzare le parti del programma che devono essere eseguite in modo rapido e non preoccuparsi del resto.

Capitolo 3: Installazione

Sebbene sia possibile scrivere, compilare ed eseguire applicazioni Java con nient'altro che il Java Development Kit (OpenJDK) open source di Oracle e un semplice editor di testo (ad esempio Vi, Blocco note, ecc.), oggi la stragrande maggioranza del codice Java è scritta con il vantaggio di un ambiente di sviluppo integrato (IDE).

I vantaggi dell'utilizzo di un IDE includono una visualizzazione all-in-one del codice sorgente Java con evidenziazione della sintassi, guida alla navigazione, controllo del codice sorgente, documentazione integrata, creazione, refactoring e distribuzione, tutto a portata di mano. Pertanto, eviteremo di trattare la riga di comando e inizieremo con un

IDE popolare e gratuito: IntelliJ IDEA CE (Community Edition).

Se sei contrario all'uso di un IDE, sentiti libero di usare i comandi della riga di comando `javac miaApplicazione.java` per la compilazione e `java miaApplicazione` per eseguire i prossimi esempi. IntelliJ IDEA richiede l'installazione di Java e questo libro copre le funzionalità del linguaggio Java 11 (con alcune menzioni di cose nuove in 12 e 13), quindi sebbene gli esempi in questo capitolo funzioneranno con le versioni precedenti, è meglio avere JDK 11 installato per garantire che tutti gli esempi nel libro vengano compilati.

Puoi controllare quale versione, se presente, hai installato digitando `java -version` nella riga di comando. Se Java non è presente o se è una versione precedente a JDK 11, ti consigliamo di scaricare l'ultima versione dalla pagina di download di OpenJDK di Oracle.

Tutto ciò che è richiesto per gli esempi in questo libro è il JDK di base, che è la prima opzione nell'angolo in alto a sinistra della pagina di download.

IntelliJ IDEA è un IDE disponibile su jetbrains.com. Ai fini di questo libro e per iniziare con Java in generale, è sufficiente la Community Edition. Il download è un programma di installazione eseguibile o un archivio compresso: `.exe` per Windows, `.dmg` per macOS e `.tar.gz` su Linux. Fai doppio clic per scompattare ed eseguire il programma di installazione, l'installazione guidata è davvero completa e consente di personalizzare l'installazione.

Installare la JDK

È bene sapere che sei libero di scaricare ed utilizzare il JDK ufficiale e commerciale di Oracle per uso personale. Le versioni disponibili nella pagina di download di Oracle includono la versione più recente e la versione di supporto a lungo termine più recente (13 e 11, rispettivamente, al momento della stesura di questo libro) con collegamenti a versioni precedenti se hai bisogno di compatibilità. Se prevedi di utilizzare Java in qualsiasi capacità commerciale o condivisa, tuttavia, Oracle JDK ora viene fornito con termini di licenza rigidi (e a pagamento). Per questo e altri motivi più filosofici, usiamo principalmente OpenJDK.

Purtroppo, questa versione open source non include programmi di installazione per le diverse piattaforme. Se desideri una configurazione semplice e sei soddisfatto di una delle versioni di supporto a lungo termine come Java 8 o Java 11, dai un'occhiata ad altre distribuzioni OpenJDK.

Per coloro che desiderano l'ultima versione e non si preoccupano di un po' di lavoro di configurazione, diamo un'occhiata ai passaggi tipici richiesti per l'installazione di OpenJDK su ciascuna delle principali piattaforme.

Linux

Il file che scarichi per Linux è un file tar compresso (tar.gz) e può essere decompresso in una directory a tua scelta. Utilizzando l'app per il terminale, passa alla directory in cui hai scaricato il file ed esegui i seguenti comandi per installare e verificare Java:

```
~$ cd Downloads
~/Downloads$ sudo tar tvf openjdk-
13.0.1_linux-x64_bin.tar.gz \
 --directory /usr/lib/jvm
...
jdk-13.0.1/lib/src.zip
jdk-13.0.1/lib/tzdb.dat
jdk-13.0.1/release
~/Downloads$ /usr/lib/jvm/jdk-
13.0.1/bin/java -version
openjdk version "13.0.1" 2019-10-15
OpenJDK Runtime Environment (build
13.0.1+9)
OpenJDK 64-Bit Server VM (build
13.0.1+9, mixed mode, sharing)
```

Dopo aver estratto i file, è possibile configurare il terminale per utilizzare quell'ambiente impostando le variabili JAVA_HOME e PATH. Testeremo la configurazione controllando la versione del compilatore Java, javac:

```
~/Downloads$ cd
~$ export JAVA_HOME=/usr/lib/jvm/jdk-
13.0.1
~$ export PATH=$PATH:$JAVA_HOME/bin
~$ javac -version
javac 13.0.1
```

Ti consigliamo di rendere permanenti quelle modifiche a JAVA_HOME e PATH aggiornando gli script di avvio o rc per la tua shell. Ad esempio, potresti aggiungere entrambe le righe proprio come abbiamo usato nel terminale al tuo file .bashrc. Vale anche la pena notare che molte distribuzioni Linux rendono disponibili alcune versioni di Java tramite i loro particolari gestori di pacchetti.

Una semplice ricerca online ti aiuterà a vedere se ci sono meccanismi alternativi da usare che potrebbero adattarsi meglio alla tua distribuzione.

MacOS

Per gli utenti su sistemi macOS, l'installazione di OpenJDK è abbastanza simile al processo Linux: scarica l'archivio binario tar.gz e scompattalo nel posto giusto. A differenza di Linux, "il posto giusto" è abbastanza specifico. Utilizzando l'app Terminale (nella cartella Applicazioni → Utilità) puoi decomprimere e riposizionare la cartella OpenJDK in questo modo:

```
~ $ cd Downloads
Downloads $ tar xf openjdk-13.0.1_osx-
x64_bin.tar.gz
Downloads $ sudo mv jdk-13.0.1.jdk
/Library/Java/JavaVirtualMachines/
```

Il comando `sudo` consente agli utenti amministratori di eseguire azioni speciali normalmente riservate al "super utente" (la "s" e la "u" sono acronimi di super user). Ti verrà chiesta la tua password e, dopo aver cambiato cartella, imposta la variabile d'ambiente JAVA_HOME. Il comando `java` incluso con macOS è un wrapper che ora dovrebbe essere in grado di individuare la tua installazione.

```
Downloads $ cd ~
~ $ export \

JAVA_HOME=/Library/Java/JavaVirtualMachi
nes/jdk-13.0.1.jdk/Contents/Home
~ $ java -version
openjdk version "13.0.1" 2019-10-15
OpenJDK Runtime Environment (build
13.0.1+9)
OpenJDK 64-Bit Server VM (build
13.0.1+9, mixed mode, sharing)
```

Come con Linux, vorrai aggiungere quella riga JAVA_HOME a un file di avvio appropriato (come il file .bash_profile nella tua directory home) se lavorerai con Java dalla riga di comando. Per gli utenti su macOS 10.15 (Catalina) e presumibilmente versioni successive, potresti incontrare un po' di problemi in più durante l'installazione di Java e il test. A causa dei cambiamenti in macOS, Oracle non ha ancora certificato Java per Catalina.

Ovviamente puoi ancora eseguire Java sui sistemi Catalina ma le applicazioni più avanzate potrebbero qualche riscontrare bug.

Windows

I sistemi Windows condividono molti degli stessi concetti dei sistemi Unix anche se l'interfaccia utente per lavorare con questi concetti è diversa. Scarica l'archivio OpenJDK per Windows: dovrebbe essere un file ZIP anziché un file `tar.gz`. Decomprimi il file di download e spostalo in una cartella appropriata. Come con Linux, "appropriato" dipende davvero da te, noi abbiamo creato una cartella Java nella cartella `C:\Programmi` per contenere questa (e le future) versioni.

Una volta che la cartella JDK è a posto, dovrai impostare alcune variabili d'ambiente, proprio come con macOS e Linux. Il percorso più rapido per le impostazioni delle variabili è cercare in "ambiente" in Windows 10 e selezionare la voce del pannello di controllo intitolata "Modifica le variabili di ambiente del sistema". Da qui puoi creare una nuova voce per la variabile JAVA_HOME e aggiornare la voce Path per Java.

Per JAVA_HOME, crea una nuova variabile e impostala nella cartella in cui hai installato questo particolare JDK. Con JAVA_HOME impostato, ora puoi aggiungere una voce alla variabile Path in modo che Windows sappia dove cercare gli strumenti java e javac. Fai puntare questo valore alla cartella bin in cui è stato installato Java. Per utilizzare il valore JAVA_HOME nel percorso, racchiuderlo tra i segni di percentuale (%JAVA_HOME%).

Non puoi utilizzare una vera e propria riga di comando in Windows, ma l'applicazione del prompt dei comandi ha lo stesso scopo delle app del terminale in macOS o Linux. Apri il programma del prompt dei comandi e controlla la versione di Java.

```
C:\Users\User>java -version
java version "13.0.1" 2019-10-15
Java(TM) SE Runtime Environment (build
13.0.1+9)
Java HotSpot(TM) 64-Bit Server VM (build
13.0.1+9, mixed mode, sharing)

C:\Users\User>
```

Puoi continuare a utilizzare il prompt dei comandi, ovviamente, ma ora sei libero di indirizzare altre applicazioni come IntelliJ IDEA alla cartella dove hai installato il tuo JDK e lavorare semplicemente con l'IDE.

Capitolo 4: Prima applicazione

Prima di immergerci in discussioni sul linguaggio Java, voglio darti un assaggio con un codice funzionante. In questo capitolo, costruiremo una piccola applicazione amichevole che illustra molti dei concetti usati in tutto il libro. Cogliamo l'occasione per introdurre le caratteristiche generali del linguaggio e delle applicazioni Java.

Questo capitolo serve anche come una breve introduzione agli aspetti orientati agli oggetti di Java. Se questi concetti sono nuovi per te, speriamo che incontrarli qui in Java per la prima volta sia un'esperienza semplice e piacevole. Se hai lavorato con un altro ambiente di programmazione orientato agli oggetti, dovresti apprezzare in particolare la semplicità e l'eleganza di Java.

Questo capitolo ha il solo scopo di darti una visione del linguaggio Java e un'idea di come viene utilizzato. Non possiamo sottolineare abbastanza l'importanza di sperimentare quando impari nuovi concetti qui e in tutto il libro. Non limitarti a leggere gli esempi: eseguili.

Configurare l'IDE

La prima volta che esegui IDEA, ti verrà chiesto di selezionare un'area di lavoro. Questa è di solito una directory root o di primo livello per contenere i nuovi progetti creati all'interno di IntelliJ IDEA. La posizione predefinita varia a seconda della piattaforma. Se l'impostazione predefinita va bene, usala; altrimenti sentiti libero di scegliere una cartella diversa e fai clic su OK. Creeremo un progetto per contenere tutti i nostri esempi. Selezionare File → Nuovo → Progetto Java dal menu dell'applicazione e digita "Imparo Java" nel campo "Nome progetto" nella parte superiore della finestra di dialogo.

Assicurati che la versione di JRE sia impostata sulla versione 11 o successiva e fai clic su Avanti in basso. Scegli il modello

`Command Line App` che include una classe Java minima con un metodo `main()` che può essere eseguito. I prossimi capitoli approfondiranno molto più in dettaglio la struttura dei programmi Java e i comandi e le istruzioni che è possibile inserire in tali programmi.

Dopo aver selezionato il modello fai clic su Avanti e infine, devi fornire un nome e una posizione per il tuo progetto. Abbiamo scelto il nome CiaoJava ma quel nome non è speciale. IDEA suggerirà una posizione in base al nome del progetto e alla cartella dei progetti IDEA predefinita ma è possibile utilizzare il pulsante con i puntini di sospensione ("...") per scegliere una cartella diversa sul computer.

Quando questi due campi sono compilati, fai clic su Fine e congratulazioni! Ora hai un programma Java o quasi. È necessario aggiungere una riga di codice per stampare qualcosa sullo schermo. All'interno delle parentesi graffe dopo la riga `public static void main (String [] args)`, aggiungi questa riga:

```
System.out.println("Hello World!");
```

Eseguiremo questo esempio in seguito e lo espanderemo per dargli un tocco in più. I prossimi capitoli presenteranno esempi più interessanti che mettono insieme sempre più elementi di Java. Questi passaggi iniziali sono buoni per iniziare a prendere confidenza con Java e con IntelliJ IDEA.

Eseguire il progetto

Partire dal semplice template fornito da IDEA dovrebbe lasciare poco spazio agli errori e consentirti di eseguire il tuo primo programma. Nota che la classe `Main` elencata sotto la cartella `src` nella struttura del progetto a sinistra ha un piccolo pulsante verde "play" vicino la sua icona. Questa aggiunta indica che IDEA capisce come eseguire il metodo `main()` in questa classe.

Prova a fare clic sul pulsante nella barra degli strumenti in alto e vedrai il tuo messaggio "Hello World!" nella scheda "Run" nella parte inferiore dell'editor. Complimenti, ora hai anche eseguito il tuo primo programma Java.

Capitolo 5: Struttura del programma

Nella tradizione dei testi di programmazione, si inizia sempre con "Hello World", ma dato che si tratta di Java creiamo "Hello Java". Aggiungeremo qualche funzionalità e introdurremo nuovi concetti lungo il percorso ma iniziamo con la versione minimalista:

```java
public class HelloJava {
 public static void main( String[] args
) {
   System.out.println("Hello, Java!");
 }
 }
```

Questo programma a cinque righe dichiara una classe chiamata `HelloJava` e un metodo chiamato `main()`. Usa un metodo predefinito chiamato `println()` per scrivere del testo come output.

Questo è un programma a riga di comando, il che significa che viene eseguito in una shell o in una finestra DOS e vi stampa il suo output. Se hai utilizzato il modello Hello World di IDEA, potresti notare che è stato scelto il nome Main per la classe. Non c'è niente di sbagliato, ma nomi più descrittivi torneranno utili quando inizi a costruire programmi più complessi. In futuro, proveremo a utilizzare nomi validi nei nostri esempi.

Indipendentemente dal nome della classe, questo approccio è un po' vecchia scuola per i nostri gusti, quindi prima di andare oltre, daremo a HelloJava una GUI. Non preoccuparti ancora del codice; torneremo per le spiegazioni tra un momento.

Al posto della riga contenente il metodo `println()`, useremo un oggetto `JFrame` per mettere una finestra sullo schermo. Possiamo iniziare sostituendo la riga `println` con le seguenti tre righe:

```
JFrame frame = new JFrame("Hello, Java!"
);
frame.setSize( 300, 300 );
frame.setVisible( true );
```

Questo snippet crea un oggetto JFrame con il titolo "Hello, Java!", un JFrame è semplicemente una finestra grafica. Per visualizzarla, configuriamo semplicemente le sue dimensioni sullo schermo utilizzando il metodo `setSize()` e la rendiamo visibile chiamando il metodo `setVisible()`. Se ci fermassimo qui, vedremmo una finestra vuota sullo schermo con il nostro `"Hello, Java!"` come titolo.

Vorremmo che il nostro messaggio fosse all'interno della finestra, non solo nella parte superiore. Per mettere qualcosa nella finestra, abbiamo bisogno di un altro paio di righe.

Il seguente esempio aggiunge un oggetto JLabel per visualizzare il testo centrato nella nostra finestra. La riga di importazione aggiuntiva in alto è necessaria per indicare a Java dove trovare le classi JFrame e JLabel (le definizioni degli oggetti JFrame e JLabel che stiamo utilizzando).

```
import javax.swing.*;
 public class HelloJava {
 public static void main( String[] args
) {
  JFrame frame = new JFrame( "Hello,
Java!" );
  JLabel label = new JLabel("Hello,
Java!", JLabel.CENTER );
  frame.add(label);
  frame.setSize( 300, 300 );
  frame.setVisible( true );
 }
}
```

Adesso puoi eseguire il programma come fatto in precedenza e ancora congratulazioni, hai eseguito la tua seconda applicazione Java! Prenditi un momento per ammirarla nel bagliore del tuo monitor.

Tieni presente che quando fai clic sulla casella di chiusura della finestra, la finestra scompare ma il programma è ancora in esecuzione. Per arrestare l'applicazione Java in IDEA, fai clic sul pulsante quadrato rosso a destra del pulsante che hai utilizzato per eseguire il programma. Se stai eseguendo l'esempio sulla riga di comando, digita Ctrl-C.

Nota che nulla ti impedisce di eseguire più di un'istanza (copia) dell'applicazione alla volta. HelloJava potrebbe essere un piccolo programma, ma c'è un bel po' di cose che esegue dietro le quinte e quelle poche righe rappresentano solo la punta di un iceberg. Ciò che si trova sotto la superficie sono i livelli di funzionalità forniti dal linguaggio Java e dalle sue librerie Swing.

Detto questo, diamo ora un'occhiata a cosa sta succedendo nel nostro primo esempio.

Classi

Le classi sono gli elementi costitutivi fondamentali della maggior parte dei linguaggi orientati agli oggetti. Una classe è un gruppo di elementi di dati con funzioni associate che possono eseguire operazioni su tali dati. Gli elementi di dati in una classe sono chiamati variabili, o talvolta campi; in Java, le funzioni sono chiamate metodi.

I vantaggi principali di un linguaggio orientato agli oggetti sono l'associazione tra dati e funzionalità nelle unità di classe e la capacità delle classi di incapsulare o nascondere i dettagli, liberando lo sviluppatore dalla preoccupazione per i dettagli di basso livello. In un'applicazione, una classe potrebbe rappresentare qualcosa di concreto, come un pulsante su uno schermo o le informazioni in un foglio di calcolo oppure potrebbe essere qualcosa di più astratto, come un algoritmo di ordinamento o forse una caratteristica di un personaggio di un videogioco. Una classe che rappresenta un foglio di lavoro potrebbe, ad esempio, avere variabili che rappresentano i valori delle sue singole celle e metodi che eseguono operazioni su tali celle, come "cancella una riga" o "calcola valori".

La nostra classe HelloJava è un'intera applicazione Java in una singola classe. Definisce un solo metodo, `main()`, che contiene il corpo del nostro programma. È questo metodo `main()` che viene chiamato per primo all'avvio dell'applicazione. Ciò che è etichettato con `String [] args` ci permette di passare gli argomenti della riga di comando all'applicazione.

Infine, sebbene questa versione di HelloJava non definisca alcuna variabile come parte della sua classe, utilizza due variabili, `frame` e `label`, all'interno del suo metodo `main()`. Presto avremo anche altro da dire sulle variabili.

main()

Come abbiamo visto quando abbiamo eseguito il nostro esempio, eseguire un'applicazione Java significa scegliere una particolare classe e passare il suo nome come argomento alla Java virtual machine. Quando l'abbiamo fatto, il comando `java` ha cercato nella nostra classe HelloJava per vedere se conteneva il metodo speciale chiamato `main()` della forma giusta. Lo ha trovato e così è stato eseguito.

Se non fosse stato lì, avremmo ricevuto un messaggio di errore. Il metodo `main()` è il punto di ingresso per le applicazioni. Ogni applicazione Java standalone include almeno una classe con un metodo `main()` che esegue le azioni necessarie per avviare il resto del programma. Il nostro metodo `main()` imposta una finestra (un JFrame) per contenere l'output visivo della classe HelloJava.

In questo momento, sta facendo tutto il lavoro nell'applicazione ma in un'applicazione orientata agli oggetti, normalmente deleghiamo le responsabilità a molte classi diverse. Nella prossima incarnazione del nostro esempio, eseguiremo proprio una tale suddivisione, creando una seconda classe, e vedremo che man mano che l'esempio si evolve successivamente, il metodo `main()` rimane più o meno lo stesso, semplicemente tenendo la procedura di avvio.

Esaminiamo rapidamente il nostro metodo `main()`, solo così sappiamo cosa fa. Innanzitutto, `main()` crea un JFrame, la finestra che conterrà il nostro esempio:

```
JFrame frame = new JFrame("Hello,
Java!");
```

La parola `new` in questa riga di codice è molto importante. JFrame è il nome di una classe che rappresenta una finestra sullo schermo, ma la classe stessa è solo un modello, come un piano di costruzione. La parola chiave `new` dice a Java di allocare memoria e di creare effettivamente un particolare oggetto JFrame. In questo caso, l'argomento tra parentesi dice a JFrame cosa visualizzare nella barra del titolo. Avremmo potuto tralasciare il testo "Hello, Java" e utilizzare parentesi vuote per creare un JFrame senza titolo, ma solo perché JFrame ci consente specificamente di farlo.

Quando le finestre con cornice vengono create per la prima volta, sono molto piccole. Prima di mostrare il JFrame, impostiamo le sue dimensioni in modo ragionevole:

```
frame.setSize( 300, 300 );
```

Questo è un esempio di invocazione di un metodo su un particolare oggetto. In questo caso, il metodo `setSize()` è definito dalla classe JFrame e influenza il particolare oggetto JFrame che abbiamo posizionato nella variabile `frame`. Creiamo anche un'istanza di JLabel per contenere il nostro testo all'interno della finestra:

```
JLabel label = new JLabel("Hello,
Java!", JLabel.CENTER );
```

JLabel è molto simile a un'etichetta fisica. Tiene del testo in una posizione particolare, in questo caso, sulla nostra cornice. Questo è un concetto molto orientato agli oggetti: usare un oggetto per contenere del testo invece di invocare semplicemente un metodo per "disegnare" il testo e andare avanti. Successivamente, dobbiamo posizionare l'etichetta nella cornice che abbiamo creato:

```
frame.add( label );
```

Qui, stiamo chiamando il metodo `add()` per posizionare la nostra etichetta all'interno di JFrame. Il JFrame è una sorta di contenitore che può contenere cose. Il compito finale di `main()` è mostrare la finestra del frame e il suo contenuto, che altrimenti sarebbe invisibile. Una finestra invisibile rende un'applicazione piuttosto noiosa:

```
frame.setVisible( true );
```

Questo è l'intero metodo `main()`, ora sai come è fatto e come si comporta.

Capitolo 6: Oggetti e variabili

Una classe è un progetto per una parte di un'applicazione; contiene metodi e variabili che compongono quel componente. Quando un'applicazione è attiva, possono esistere molte singole copie funzionanti di una determinata classe. Queste incarnazioni individuali sono chiamate istanze della classe o oggetti. Due istanze di una data classe possono contenere dati diversi ma hanno sempre gli stessi metodi.

Ad esempio, considera una classe Pulsante. C'è solo una classe Pulsante, ma un'applicazione può creare molti oggetti diversi, ognuno un'istanza della stessa classe. Inoltre, due istanze di Pulsante potrebbero contenere dati diversi, magari dando a ciascuna un aspetto diverso ed eseguendo un'azione diversa. In questo senso, una classe può essere considerata uno stampo per realizzare l'oggetto che rappresenta, qualcosa come uno stampino per biscotti che stampa istanze funzionanti di sé stesso nella memoria del computer.

Il termine oggetto è molto generale e in alcuni contesti è usato quasi in modo intercambiabile con la classe. Gli oggetti sono le entità astratte a cui si riferiscono, in una forma o nell'altra, tutti i linguaggi orientati agli oggetti. Useremo oggetto come termine generico per un'istanza di una classe. Potremmo, quindi, riferirci a un'istanza della classe Pulsante come a un pulsante, a un oggetto Pulsante o, indiscriminatamente, a un oggetto.

Il metodo `main()` nell'esempio precedente crea una singola istanza della classe JLabel e la mostra in un'istanza della classe JFrame. È possibile modificare `main()` per creare molte istanze di JLabel, forse ciascuna in una finestra separata.

Variabili

In Java, ogni classe definisce un nuovo tipo (tipo di dati). Una variabile può essere dichiarata di questo tipo e quindi contenere istanze di quella classe. Una variabile potrebbe, ad esempio, essere di tipo Pulsante e contenere un'istanza della classe Pulsante, o di tipo CellaExcel e contenere un oggetto CellaExcel, proprio come potrebbe essere uno qualsiasi dei tipi più semplici, come `int` o `float`, che rappresentano numeri.

Il fatto che le variabili abbiano tipi e non possano semplicemente contenere alcun tipo di oggetto è un'altra importante caratteristica del linguaggio che garantisce la sicurezza e la correttezza del codice. Ignorando per il momento le variabili utilizzate all'interno del metodo `main()`, nel nostro semplice esempio

HelloJava viene dichiarata solo un'altra variabile. Si trova nella dichiarazione dello stesso metodo `main()`:

```
public static void main( String [] args
) {
```

Proprio come le funzioni in altri linguaggi, un metodo in Java dichiara un elenco di parametri (variabili) che accetta come argomenti e specifica i tipi di tali parametri. In questo caso, il metodo principale richiede che, quando viene invocato, gli venga passato un array di oggetti `String` nella variabile denominata `args`.

La stringa è l'oggetto fondamentale che rappresenta il testo in Java. Come accennato in precedenza, Java utilizza il parametro `args` per passare qualsiasi argomento della riga di comando fornito alla Java virtual machine (VM) nell'applicazione.

Fino a questo punto, ci siamo riferiti vagamente alle variabili come oggetti contenitori. In realtà, le variabili che hanno tipi di classe non contengono tanto oggetti ma puntano ad oggetti. Le variabili di classe sono riferimenti a oggetti e un riferimento è un puntatore per un oggetto. Se dichiari una variabile di tipo classe senza assegnarle un oggetto, non punta a nulla. Viene assegnato il valore predefinito `null`, che significa "nessun valore". Se si tenta di utilizzare una variabile con un valore `null` come se stesse puntando a un oggetto reale, si verifica un errore di runtime, `NullPointerException`.

Naturalmente, i riferimenti agli oggetti devono provenire da qualche parte. Nel nostro esempio, abbiamo creato due oggetti usando l'operatore `new`.

Capitolo 7: Componenti

Finora, il nostro esempio HelloJava si è contenuto in una singola classe. In effetti, a causa della sua natura semplice, è servito solo come un unico grande metodo. Sebbene abbiamo utilizzato un paio di oggetti per visualizzare il nostro messaggio della GUI, il nostro codice non illustra alcuna struttura orientata agli oggetti. Bene, lo correggeremo adesso aggiungendo una seconda classe.

Per darci qualcosa da costruire in questo capitolo, assumeremo il compito della classe JLabel e la sostituiremo con la nostra classe grafica: HelloComponente. La nostra classe HelloComponente inizierà semplicemente, visualizzando solo il nostro messaggio "Hello, Java!" in una posizione fissa.

Il codice per la nostra nuova classe è molto semplice; abbiamo aggiunto solo qualche altra riga:

```
import java.awt.*;
 class HelloComponente extends
JComponent {
 public void paintComponent( Graphics g
) {
  g.drawString( "Hello, Java!", 125, 95
);
 }
}
```

Puoi aggiungere questo testo al file `HelloJava.java`, oppure puoi inserirlo nel suo file chiamato `HelloComponente.java`. Se lo metti nello stesso file, devi spostare la nuova istruzione di `import` all'inizio del file, insieme all'altra. Per utilizzare la nostra nuova classe al posto della JLabel, è sufficiente sostituire le due righe che fanno riferimento all'etichetta con:

```
frame.add( new HelloComponente() );
```

Questa volta, quando compili `HelloJava.java`, vedrai due file di classe binari: `Hello-Java.class` e `HelloComponente.class` (indipendentemente da come hai organizzato il sorgente). L'esecuzione del codice dovrebbe assomigliare molto alla versione con JLabel, ma se ridimensioni la finestra, noterai che la nostra classe non si adatta automaticamente per centrare il codice.

Allora cosa abbiamo fatto? E perché ci siamo impegnati così tanto per insultare il componente JLabel che era perfettamente funzionante? Abbiamo creato la nostra nuova classe HelloComponente, estendendo una classe grafica generica chiamata JComponent. Estendere una classe significa semplicemente aggiungere funzionalità a una classe esistente, creandone una nuova.

Qui abbiamo creato un nuovo tipo di JComponent che contiene un metodo chiamato `paintComponent()`, che è responsabile del disegno del nostro messaggio. Il nostro metodo `paintComponent()` accetta un argomento chiamato (in modo piuttosto conciso) `g`, che è di tipo `Graphics`. Quando viene richiamato il metodo `paintComponent()`, un oggetto `Graphics` viene assegnato a `g`, che usiamo nel corpo del metodo.

Ereditarietà

Le classi Java sono organizzate in una gerarchia padre-figlio in cui il padre e il figlio sono noti rispettivamente come superclasse e sottoclasse. In Java, ogni classe ha esattamente una superclasse (un solo genitore) ma possibilmente molte sottoclassi. L'unica eccezione a questa regola è la classe Object, che si trova in cima all'intera gerarchia di classi perciò non ha superclasse. La dichiarazione della nostra classe nell'esempio precedente utilizza la parola chiave `extends` per specificare che HelloComponente è una sottoclasse della classe JComponent:

```
public class HelloComponente extends
JComponent { ... }
```

Una sottoclasse può ereditare alcune o tutte le variabili e i metodi della sua superclasse.

Tramite l'ereditarietà, la sottoclasse può utilizzare quelle variabili e metodi come se li avesse dichiarati lei stessa. Una sottoclasse può aggiungere variabili e metodi propri e può anche sovrascrivere o modificare il significato dei metodi ereditati.

Quando usiamo una sottoclasse, i metodi sostituiti vengono nascosti (override) dalle loro versioni della sottoclasse. In questo modo, l'ereditarietà fornisce un potente meccanismo mediante il quale una sottoclasse può perfezionare o estendere la funzionalità della sua superclasse.

Ad esempio, l'ipotetica classe del foglio di calcolo potrebbe essere sottoclasse per produrre una nuova classe del foglio di calcolo scientifico con funzioni matematiche aggiuntive e costanti speciali. In questo caso, il codice sorgente per il foglio di calcolo scientifico potrebbe dichiarare metodi per le funzioni matematiche aggiunte e variabili per le costanti speciali ma la nuova classe ha automaticamente tutte le variabili e i metodi che costituiscono la normale funzionalità di un foglio di calcolo; vengono ereditati dalla classe del foglio di calcolo principale.

Ciò significa anche che il foglio di calcolo scientifico mantiene la sua identità di foglio di calcolo e possiamo usare la versione estesa ovunque sia possibile utilizzare il foglio di calcolo più semplice.

Significa che oggetti specializzati possono essere utilizzati al posto di oggetti più generici, personalizzando il loro comportamento senza modificare l'applicazione sottostante. Questo si chiama polimorfismo ed è uno dei fondamenti della programmazione orientata agli oggetti. La nostra classe HelloComponente è una sottoclasse della classe JComponent ed eredita molte variabili e metodi non esplicitamente dichiarati nel nostro codice sorgente. Questo è ciò che consente alla nostra piccola classe di fungere da componente in un JFrame, con poche personalizzazioni.

Relazioni

Possiamo correttamente riferirci a HelloComponente come a JComponent perché la sottoclasse può essere pensata come la creazione di una relazione "è una" (relazione is-a), in cui la sottoclasse "è una" specie della sua superclasse. HelloComponente è quindi una sorta di JComponent. Quando ci riferiamo a un tipo di oggetto, intendiamo qualsiasi istanza della classe di quell'oggetto o di una qualsiasi delle sue sottoclassi.

In questo senso, un oggetto di tipo HelloComponente è, a sua volta, una sorta di JComponent, che è una sorta di Container, e ognuno di questi può essere considerato in ultima analisi come una sorta di Component.

È da queste classi che HelloComponente eredita la sua funzionalità GUI di base e la capacità di avere anche altri componenti grafici incorporati al suo interno. Component è una sottoclasse della classe Object di primo livello, quindi tutte queste classi sono tipi di Object. Ogni altra classe nell'API Java eredita il comportamento da Object, che definisce alcuni metodi di base. Continueremo a usare la parola oggetto in modo generico per fare riferimento a un'istanza di qualsiasi classe; useremo Object per riferirci specificamente al tipo di quella classe.

Capitolo 8: Package e visibilità

Abbiamo accennato in precedenza che la prima riga del nostro esempio indica a Java dove trovare alcune delle classi che abbiamo utilizzato:

```
import javax.swing.*;
```

Nello specifico, dice al compilatore che utilizzeremo le classi dal toolkit della GUI Swing (in questo caso, JFrame, JLabel e JComponent). Queste classi sono organizzate in un pacchetto Java chiamato `javax.swing`.

Un pacchetto Java è un gruppo di classi correlate in base allo scopo o all'applicazione. Le classi nello stesso pacchetto hanno privilegi di accesso speciali l'una rispetto all'altra e possono essere progettate per lavorare insieme a stretto contatto. I pacchetti sono denominati in modo gerarchico con componenti separati da punti, come `java.util` e `java.util.zip`. Le classi in un pacchetto devono seguire le convenzioni su dove si trovano nel classpath.

Le classi prendono anche il nome del pacchetto come parte del loro "nome completo" o, per usare la terminologia appropriata, fully qualified name. Ad esempio, il nome completo della classe JComponent è `javax.swing.JComponent`. Avremmo potuto farvi riferimento direttamente con quel nome, invece di usare l'istruzione `import`:

```
public class HelloComponente extends
javax.swing.JComponent {...}
```

L'istruzione `import javax.swing.*` ci consente di fare riferimento a tutte le classi nel pacchetto `javax.swing` con i loro semplici nomi quindi non è necessario utilizzare nomi completi per fare riferimento alle classi JComponent, JLabel e JFrame.

Come abbiamo visto quando abbiamo aggiunto la nostra seconda classe di esempio, potrebbero esserci una o più istruzioni di `import` in un dato file sorgente Java. Esse creano effettivamente un "percorso di ricerca" che dice a Java dove cercare le classi a cui ci riferiamo con i loro nomi semplici e non qualificati. (Non è realmente un percorso, ma evita nomi ambigui che possono creare errori).

Gli `import` che abbiamo visto utilizzano la notazione punto stella (`.*`) per indicare che l'intero pacchetto deve essere importato ma puoi anche specificare solo una singola classe.

Il nostro esempio corrente utilizza solo la classe Graphics dal pacchetto `java.awt`. Quindi avremmo potuto usare `import java.awt.Graphics` invece di usare il carattere jolly `*` per importare tutte le classi del pacchetto Abstract Window Toolkit (AWT). Tuttavia, prevediamo di utilizzare in seguito molte altre classi da questo pacchetto.

I pacchetti `java.` e `javax.` sono speciali. Qualsiasi pacchetto che inizia con `java.` fa parte dell'API Java principale ed è disponibile su qualsiasi piattaforma che supporti Java. Il `javax.` pacchetto normalmente denota un'estensione standard alla piattaforma principale, che può essere installata o meno. Tuttavia, negli ultimi anni, molte estensioni standard sono state aggiunte all'API Java principale senza rinominarle.

Il pacchetto `javax.swing` è un esempio; fa parte dell'API principale nonostante il suo nome. `java.lang` contiene classi fondamentali necessarie al linguaggio Java stesso; questo pacchetto viene importato automaticamente ed è per questo che non avevamo bisogno di un'istruzione `import` per usare nomi di classi come `String` o `System` nei nostri esempi.

Il pacchetto `java.awt` contiene classi del vecchio AWT grafico; `java.net` contiene le classi di rete; e così via. Man mano che acquisisci maggiore esperienza con Java, ti renderai conto che avere il comando sui pacchetti a tua disposizione, cosa fanno, quando usarli e come usarli è una parte fondamentale per diventare uno sviluppatore Java di successo.

Visibilità

Il sorgente per la nostra classe HelloComponente definisce un metodo, `paintComponent()`, che sovrascrive il metodo `paintComponent()` della classe JComponent. Il metodo `paintComponent()` viene chiamato quando è il momento di disegnare sullo schermo. Accetta un singolo argomento, un oggetto Graphics, e non restituisce alcun tipo di valore (void) al suo chiamante.

I modificatori sono parole chiave posizionate prima di classi, variabili e metodi per alterarne l'accessibilità, il comportamento o la semantica. Il metodo `paintComponent()` è dichiarato `public`, il che significa che può essere invocato (chiamato) da metodi in classi diverse da HelloComponente.

In questo caso, è l'ambiente a finestre Java che chiama il nostro metodo `paintComponent()`. Un metodo o una variabile dichiarata come `private` è accessibile solo dalla propria classe.

L'oggetto Graphics, istanza della classe Graphics, rappresenta una particolare area di contesto grafico. Contiene metodi che possono essere utilizzati per disegnare in quest'area e variabili che rappresentano caratteristiche come ritagliare ecc. Il particolare oggetto Graphics che ci viene passato nel metodo `paintComponent()` corrisponde all'area dello schermo del nostro HelloComponente, all'interno del nostro frame.

La classe Graphics fornisce metodi per il rendering di forme, immagini e testo. In HelloComponente, invochiamo il metodo `drawString()` del nostro oggetto Graphics per disegnare il nostro messaggio alle coordinate specificate. Come abbiamo visto in precedenza, accediamo a un metodo di un oggetto aggiungendo un punto (.) e il suo nome all'oggetto che lo contiene. Abbiamo invocato il metodo drawString() dell'oggetto Graphics (referenziato dalla nostra variabile g) in questo modo:

```
g.drawString( "Hello, Java!", 125, 95 );
```

Può essere difficile abituarsi all'idea che la nostra applicazione sia disegnata da un metodo chiamato da un agente esterno in momenti arbitrari. Come può aiutarci questo? Come controlliamo cosa viene fatto e quando? Per ora, pensa solo a come inizieresti a strutturare le applicazioni che rispondono ad un comando invece di progettare applicazioni che rispondono di propria iniziativa e tutto sarà più semplice, basta solo pensare in modo diverso.

Capitolo 9: Una versione migliore

Ora che abbiamo alcune nozioni di base, rendiamo la nostra applicazione un po' più interattiva. Non aver paura! Analizzeremo tutti gli argomenti trattati in questo esempio. Per ora, divertiti a giocare con l'esempio e usalo come un'opportunità per familiarizzare con la creazione e l'esecuzione di programmi Java anche se non ti senti ancora a tuo agio con il codice contenuto.

Chiameremo questo esempio HelloJava2 per evitare di creare confusione continuando ad espandere quello vecchio, ma i cambiamenti principali qui e più avanti risiedono nell'aggiungere funzionalità alla classe HelloComponente e semplicemente apportare le modifiche corrispondenti ai nomi per mantenerli coerenti (ad esempio, HelloComponente2). Avendo appena visto come funziona l'ereditarietà, potresti chiederti perché non stiamo creando una sottoclasse di HelloComponente e sfruttando l'ereditarietà per costruire sul nostro esempio precedente ed estenderne le funzionalità. Ebbene, in questo caso, non sarebbe molto vantaggioso e per chiarezza ricominciamo semplicemente da capo.

Ecco HelloJava2:

```java
//file: HelloJava2.java
import java.awt. * ;
import java.awt.event. * ;
import javax.swing. * ;

public class HelloJava2 {
  public static void main(String[] args)
{
    JFrame frame = new
JFrame("HelloJava2");
    frame.add(new
HelloComponente2("Hello, Java!"));

frame.setDefaultCloseOperation(JFrame.EX
IT_ON_CLOSE);
    frame.setSize(300, 300);
```

```java
    frame.setVisible(true);
  }
}
class HelloComponente2 extends
JComponent
implements MouseMotionListener {
  String messaggio;
  int messaggioX = 125,
  messaggioY = 95; // Coordinate del
messaggio
  public HelloComponente2(String
messaggio2) {
    messaggio = messaggio2;
    addMouseMotionListener(this);
  }
  public void paintComponent(Graphics g)
{
    g.drawString(messaggio, messaggioX,
messaggioY);
  }
  public void mouseDragged(MouseEvent e)
{
    // Salvo le coordinate del mouse e
scrive il messaggio
    messaggioX = e.getX();
    messaggioY = e.getY();
    repaint();
  }
  public void mouseMoved(MouseEvent e)
{}
}
```

Due barre di seguito (//) indicano che il resto della riga è un commento e verrà semplicemente ignorato da Java ma può esserti utile per capire il senso del codice. Abbiamo aggiunto alcuni commenti a HelloJava2 per aiutarti a tenere traccia di tutto. Metti il testo di questo esempio in un file chiamato `HelloJava2.java` e compilalo come prima.

Di conseguenza, dovresti ottenere nuovi file di classe, `HelloJava2.class` e `HelloComponente2.class`. Esegui l'esempio utilizzando il seguente comando:

```
C: \> java HelloJava2
```

Oppure, se stai scrivendo il tuo codice in IDEA, fai clic sul pulsante Esegui. Sentiti libero di sostituire il messaggio con quello che preferisci e goditi molte ore di divertimento, trascinando il testo con il mouse.

Nota che ora quando si fa clic sul pulsante di chiusura della finestra, l'applicazione termina.

Ora vediamo cosa è cambiato. Abbiamo aggiunto alcune variabili alla classe HelloComponente2 nel nostro esempio:

```
int messaggioX = 125, messaggioY = 95;
String messaggio;
```

Le variabili messaggioX e messaggioY sono numeri interi che contengono le coordinate correnti del nostro messaggio. Li abbiamo grossolanamente inizializzati a valori predefiniti che dovrebbero posizionare il messaggio da qualche parte vicino al centro della finestra.

Gli interi Java sono numeri con segno a 32 bit, quindi possono facilmente contenere tutti i nostri valori di coordinate. La variabile messaggio è di tipo String e può contenere istanze della classe String. Si noti che queste tre variabili sono dichiarate all'interno delle parentesi graffe della definizione della classe, ma non all'interno di un metodo particolare in quella classe.

Queste variabili sono chiamate variabili di istanza e appartengono all'oggetto nel suo insieme. In particolare, le copie vengono visualizzate in ogni istanza separata della classe. Le variabili di istanza sono sempre visibili (e utilizzabili da) tutti i metodi all'interno della loro classe. A seconda dei loro modificatori, possono essere accessibili anche dall'esterno della classe.

A meno che non vengano inizializzate diversamente, le variabili di istanza sono impostate su un valore predefinito pari a 0, false o null, a seconda del tipo. I tipi numerici sono impostati su 0, le variabili booleane sono impostate su false e le variabili del tipo di classe hanno sempre il loro valore impostato su null, che significa "nessun valore".

Tentare di utilizzare un oggetto con un valore nullo genera un errore di runtime.

Le variabili di istanza differiscono dagli argomenti del metodo e da altre variabili dichiarate nell'ambito di un particolare metodo. Queste ultime sono chiamate variabili locali e sono effettivamente variabili private che possono essere viste solo dal codice all'interno di un metodo o di un altro blocco di codice. Java non inizializza le variabili locali, quindi devi assegnare i valori da solo.

Se si tenta di utilizzare una variabile locale a cui non è stato ancora assegnato un valore, il codice genera un errore in fase di compilazione. Le variabili locali vivono solo finché il metodo è in esecuzione e poi scompaiono, a meno che qualcos'altro non salvi il loro valore. Ogni volta che il metodo viene richiamato, le sue variabili locali vengono ricreate e devono essere assegnati dei valori. Abbiamo usato le nuove variabili per rendere più dinamico il nostro metodo `paintComponent()` che era precedentemente noioso. Ora tutti gli argomenti nella chiamata a `drawString()` sono determinati da queste variabili.

Costruttori

La classe HelloComponente2 include un tipo speciale di metodo chiamato costruttore. Viene chiamato un costruttore per impostare una nuova istanza di una classe. Quando viene creato un nuovo oggetto, Java alloca memoria per esso, imposta le variabili di istanza sui valori predefiniti e chiama il metodo del costruttore per la classe per eseguire qualsiasi configurazione a livello di applicazione richiesta.

Un costruttore ha sempre lo stesso nome della sua classe. Ad esempio, il costruttore della classe HelloComponente2 si chiama `HelloComponente2()`. I costruttori non hanno un valore di ritorno, ma puoi pensare a loro come a creare un oggetto del tipo della loro classe.

Come altri metodi, i costruttori possono accettare argomenti. La loro unica missione nella vita è configurare e inizializzare le istanze di classe appena nate, possibilmente utilizzando le informazioni passate loro in questi parametri. Viene creato un oggetto con l'operatore `new` che specifica il costruttore per la classe e gli eventuali argomenti necessari. L'istanza dell'oggetto risultante viene restituita come valore.

Nel nostro esempio, una nuova istanza HelloComponente2 viene creata nel metodo `main()` da questa riga:

```
frame.add( new HelloComponente2("Hello,
Java!") );
```

Questa riga in realtà fa due cose. Potremmo scriverla come due righe separate che sono un po' più facili da capire:

```
HelloComponente2 nuovoOggetto = new
HelloComponente2("Hello, Java!");
frame.add( nuovoOggetto );
```

La prima riga è quella importante, dove viene
creato un nuovo oggetto HelloComponente2.
Il costruttore HelloComponente2 accetta una
stringa come argomento e la usa per
impostare il messaggio che viene visualizzato
nella finestra. Con un po' di magia dal
compilatore Java, il testo citato nel codice
sorgente Java viene trasformato in un oggetto
di tipo String.

La seconda riga aggiunge semplicemente il
nostro nuovo componente al frame per
renderlo visibile, come abbiamo fatto negli
esempi precedenti. Visto che siamo in
argomento, se desideri rendere il messaggio
configurabile, puoi modificare la riga del
costruttore come segue:

```
HelloComponente2 nuovoOggetto = new
HelloComponente2( args[0] );
```

Ora puoi passare il testo sulla riga di comando quando esegui l'applicazione utilizzando il seguente comando:

```
C: \> java HelloJava2 "Hello, Java!"
```

Il parametro `args[0]` si riferisce al primo parametro della riga di comando. Se stai usando un IDE, dovrai configurare le impostazioni di avvio del programma per accettare i tuoi parametri prima di eseguirlo.

Il costruttore di HelloComponente2 fa quindi due cose: imposta il testo della variabile di istanza di Message e chiama `addMouseMotionListener()`. Questo metodo fa parte del meccanismo degli eventi e in pratica dice al sistema: "Ehi, sono interessato a tutto ciò che accade con il mouse".

```
public HelloComponente2(String
messaggio2) {
    messaggio = messaggio2;
    addMouseMotionListener(this);
}
```

La speciale variabile di sola lettura chiamata `this` viene utilizzata per fare riferimento esplicitamente al nostro oggetto (il contesto dell'oggetto "corrente") nella chiamata a `addMouseMotionListener()`. Un metodo può utilizzarlo per fare riferimento all'istanza dell'oggetto che lo contiene.

I due stati seguenti sono quindi modi equivalenti per assegnare il valore alla variabile di istanza `messaggio`:

```
messaggio = messaggio2;
```

oppure:

```
this.messaggio = messaggio2;
```

Normalmente useremo la forma implicita più breve per fare riferimento a variabili di istanza, ma ne avremo bisogno quando dobbiamo passare esplicitamente un riferimento al nostro oggetto a un metodo in un'altra classe. Spesso facciamo in modo che i metodi di altre classi possano invocare i nostri metodi pubblici o utilizzare le nostre variabili pubbliche.

Eventi

Gli ultimi due metodi di HelloComponente2, `mouseDragged()` e `mouseMoved()`, consentono di ottenere informazioni dal mouse. Ogni volta che l'utente esegue un'azione, come premere un tasto sulla tastiera, muovere il mouse o forse sbattere la testa contro un touch screen, Java genera un evento.

Un evento rappresenta un'azione che si è verificata; contiene informazioni sull'azione, come l'ora e il luogo. La maggior parte degli eventi è associata a un particolare componente della GUI in un'applicazione. Premere un tasto, ad esempio, può corrispondere a un carattere digitato in un particolare campo di immissione di testo.

Facendo clic su un pulsante del mouse è possibile attivare un determinato pulsante sullo schermo. Anche il semplice spostamento del mouse all'interno di una determinata area dello schermo può attivare effetti come l'evidenziazione o la modifica della forma del cursore. Per lavorare con questi eventi, abbiamo importato un nuovo pacchetto, `java.awt.event`, che fornisce oggetti Event specifici che utilizziamo per ottenere informazioni dall'utente. (Nota che l'importazione di `java.awt.*` non importa automaticamente il pacchetto di eventi perchè le `import` non sono ricorsive. I pacchetti non contengono realmente altri pacchetti, anche se lo schema di denominazione gerarchico implicherebbe che lo facciano.)

Ci sono molti diverse classi di eventi, inclusi MouseEvent, KeyEvent e ActionEvent. Per la maggior parte, il significato di questi eventi è abbastanza intuitivo. Un MouseEvent si verifica quando l'utente fa qualcosa con il mouse, un KeyEvent si verifica quando l'utente preme un tasto e così via. Per ora, ci concentreremo sulla gestione di MouseEvents.

I componenti GUI in Java generano eventi per tipi specifici di azioni utente. Ad esempio, se fai clic con il mouse all'interno di un componente, il componente genera un evento del mouse. Gli oggetti possono chiedere di ricevere gli eventi da uno o più componenti registrando un ascoltatore (listener) con l'origine dell'evento. Ad esempio, per dichiarare che un listener desidera ricevere gli eventi di movimento del mouse di un componente, si richiama il metodo `addMouseMotionListener()` di quel componente, specificando l'oggetto listener come argomento.

Questo è ciò che il nostro esempio sta facendo nel suo costruttore. In questo caso, il componente chiama il proprio metodo `addMouseMotionListener()`, con l'argomento `this`, che significa "Voglio ricevere i miei eventi di movimento del mouse". È così che ci registriamo per ricevere eventi.

Ma come li otteniamo effettivamente? Ecco a cosa servono i due metodi relativi al mouse nella nostra classe. Il metodo `mouseDragged()` viene chiamato automaticamente su un listener per ricevere gli eventi generati quando l'utente trascina il mouse, ovvero sposta il mouse con qualsiasi pulsante cliccato. Il metodo `mouseMoved()` viene chiamato ogni volta che l'utente sposta il mouse sull'area senza fare clic su un pulsante.

In questo caso, abbiamo inserito questi metodi nella nostra classe HelloComponente2 e abbiamo fatto registrare sé stesso come ascoltatore. Questo è del tutto appropriato per il nostro nuovo componente di trascinamento del testo.

Più in generale, una buona progettazione di solito impone che gli ascoltatori di eventi siano implementati come classi di adattatori che forniscono una migliore separazione tra GUI e "logica di business".

Il nostro metodo `mouseMoved()` è noioso: non fa nulla. Ignoriamo i semplici movimenti del mouse e riserviamo la nostra attenzione al trascinamento. `mouseDragged()` ha un po' più di sostanza. Questo metodo viene chiamato ripetutamente dal sistema a finestre per darci aggiornamenti sulla posizione del mouse. Ecco qui:

```
public void mouseDragged(MouseEvent e) {
    // Salvo le coordinate del mouse e
scrive il messaggio
    messaggioX = e.getX();
    messaggioY = e.getY();
    repaint();
}
```

Il primo argomento di `mouseDragged()` è un oggetto MouseEvent che contiene tutte le informazioni di cui abbiamo bisogno su questo evento. Chiediamo a MouseEvent di dirci le coordinate `x` e `y` della posizione corrente del mouse chiamando i suoi metodi `getX()` e `getY()`. Li salviamo nelle variabili di istanza `messaggioX` e `messaggioY` per usarli altrove.

La bellezza del modello di eventi è che devi gestire solo i tipi di eventi che desideri. Se non ti interessano gli eventi della tastiera, semplicemente non registri un ascoltatore per essi; l'utente può digitare tutto quello che vuole e tu non sarai disturbato. Se non ci sono ascoltatori per un particolare tipo di evento, Java non lo genererà nemmeno. Il risultato è che la gestione degli eventi è abbastanza efficiente. Mentre stiamo discutendo di eventi, dovremmo menzionare un'altra piccola aggiunta che abbiamo inserito in HelloJava2:

```
frame.setDefaultCloseOperation(
JFrame.EXIT_ON_CLOSE );
```

Questa riga indica al frame di uscire dall'applicazione quando si fa clic sul pulsante Chiudi. È chiamata operazione di chiusura "predefinita" perché questa operazione, come quasi ogni altra interazione GUI, è governata da eventi. Potremmo registrare un listener di finestre per ricevere una notifica di quando l'utente fa clic sul pulsante Chiudi e intraprende l'azione che ci piace, ma questo metodo di convenienza gestisce i casi comuni.

In questo libro abbiamo usato un approccio non convenzionale per spiegare alcune meraviglie di Java quindi ora sentiti libero di esplorare e creare le tue applicazioni, aiutandoti con qualche ricerca online.

Sperimenta, sperimenta, sperimenta!